カズレーザーが解けなかったクイズ200問

カズレーザー

マガジンハウス

はじめに

「どうしてそんなに物知りなの？」「何でそんなにクイズに強いの？」
こう聞かれることが増えました。

調子に乗らせてもらいますが、クイズ番組に出る前からアタクシは
もともとクイズに強かったんです。

というのも、その日の三食に事欠くような貧乏暮らしを長いことし
ていました。そんななかで「屋根がある」「空調が効いている」、そ
して「無料」と三拍子揃った夢の施設「図書館」に入り浸っていた
時期がありました。

「どうせ無料なのだからせっかくならばなるべく高価な本を読もう」
ってことで、あまたの図鑑を読み漁りながら暇を潰し続けておりま
した。

その経験が生きているのだから、人生わからないもんです。

さてさて。空前のクイズブームです。

テレビを点ければ必ずどこかでクイズ番組は放送していますし、イ
ンターネットではクイズを専門としたチャンネルやサイトが大変な
人気を博しています。

かくいうアタクシも毎週のようにクイズ番組に出演させていただい
ております。

初めてクイズ番組に出演させてもらったのが2016年。それからざ
っと200本以上はクイズ番組に出演した計算になりますね。

これだけ出演すると、もともとストックしていた知識ではカバーしきれない、全く知らないジャンルのクイズにも多く出会ってきました。残念ながら10年前の図書館に乃木坂46の図鑑は置いてなかったんです。

クイズ番組に何度か出演するうちに気付いたことがありました。

この問題、以前にも解いたなー。

まるで進研ゼミの漫画みたいな話ですが、番組を超えて似通った問題が何度も出題されているのです。
これに気付いた瞬間、何かが開けた気がしました。
何度も出題されるということは、それだけ面白いクイズであり面白い知識なんだと。
つまり、みんなが面白いと思う知識をたくさんストックしておけば、クイズに強くなれると。

その結果、クイズとして出題される知識はかなり増えました。クイズにも強くなれました。
と、同時に。
全くクイズに出題されない「自分だけが面白いと思った」知識もベラボーに増えました。

そんな役に立たない知識を集めたのが、本書です。

現在書店でクイズ関連の本を探すと、有名クイズ王たちが書いた一瞬でクイズに強くなれる即戦力の本がわんさか並んでます。

それに比べて、本書ときたら。一通り読んでもさほどクイズには強くなれないと思います。王道を反れた邪道の問題だらけです。

そこはあらかじめ謝っておきます。すいやせん。

本書に載せた問題は、私カズレーザーが「知らなかった」知識をベースに作られております。

アタクシが「へぇー」とか「ナルホド」とか「え、何で?」とか、とにかく心を動かされた知識を問題にしました。仮にその知識に関する問題を出題されたらアタクシは正解できなかったろうなー、という思いからタイトルも「カズレーザーが解けなかった」としました。

アタクシが解けなかっただけなので、アナタにとっては生易しい問題、「カズレーザーって野郎はこんな簡単なことも知らないのか? あらやだ恥ずかしい」と思うような常識問題も紛れているでしょう。

そんな時は「何が芸能界のクイズ王だ、大したことねぇーな、屁のカッパだな」と思う存分に優越感に浸ってください。

ですが、せめて1問でも「知らなかった!」とアナタが感心してつい誰かに喋りたくなるようなクイズが本書の中にあれば、こんなに嬉しいことはありません。赤飯炊いちゃいます。

文章を「?」で終わらせれば、森羅万象全てはクイズとなりえます。

しかし、それが面白いクイズかどうかはまた別の問題です。

「つい誰かに喋りたくなる」これが面白いクイズとそうでないクイ

ズの違いだと思っています。

願わくば、明日アナタが本書のクイズを1問、誰かに出題してくれることを。大きく願わくば、本書の中の1問が、クイズ番組で何度も出題されるような定番となることを。

本書の構成

問題は全200問。

2択、4択、ノンジャンルクイズ。そして最後に、実際にアタクシがクイズの強者たちに出題した早押しクイズを収録しております。

2択クイズは、何も考えなくても50％の確率で当たります。ですが、「なぜそちらの答えを選んだのか」出来る限り理由も考えてください。考えれば考えるほど、正解率は50％を下回る。2択問題はそんなパラドックスを秘めています。

4択クイズも、25％の確率で当たるはず。なのですが、そうはいかないのがクイズの不思議なところ。

ノンジャンルクイズは「理由」を問う問題であったり、ひらめき問題であったり。理由を問う問題はかなり難しいと思うのでヒントを3つずつ添えました。クイズ好きの読者は、ぜひノーヒントでチャレンジしてください。

最後の早押しクイズは、クイズ王と呼ばれる人々と実際に早押し対決できる仕組みとなっています。

1問でも勝てたら、きっとアナタはクイズ王の素質があります。

それでは、クイズの邪道にしばしお付き合いください。

カズレーザー

もくじ

二択クイズ
52問！

〇×か、もしくは2つの選択肢から選んでね。
右ページの正解を赤シートで隠しながらやってみよう。

1 「小」「学」「校」の三文字は全て小学校1年生で習う漢字である。

〇 or ✕

2 米津玄師さん。本名は「けんじ」である。

〇 or ✕

3 北極や南極で見られるオーロラ。オーロラが発生すると……

音がする
or
香りがする

4 日本でポピュラーなジャガイモの男爵（だんしゃく）いも。男爵とは貴族の位のことですが、男爵より上位の「伯爵いも」もある。

〇 or ✕

1　○

全て小学校１年生で習います。
「一」「年」「生」も１年生で習います。

2　×

ファンの方には常識でしょうが、馴染(なじ)みのない方にはいまだに珍しいと感じるお名前。本名、米津玄師（よねづけんし）さんです。芸名っぽい本名といえば、下條アトムさん、横浜流星さん、スガシカオ（菅止戈男）さんなどが有名ですね。

3　音がする

オーロラが発生するとノイズや衣擦(きぬず)れのような音が聞こえるとローマ時代からいわれていますが、同時に、ただ錯覚であるという反論もありました。2011年フィンランドの科学者がオーロラ発生時の音を詳細に観測したところ、上空70mあたりに音源を発見しました。この音源の正体はいまだ不明ですが、何らかの音が発生しているという説が有力なようです。

4　○

1974年に北海道で生まれた「ワセシロ」というジャガイモ。このジャガイモは通称「伯爵いも」や「伯爵」と呼ばれています。

2択クイズ

Q

5 バカボンのパパの出身大学はご存じバカ田大学。では出身高校はバカ田高校である。

◯ or ✕

---

6 ワインの色の種類。実在するのは？

青ワイン
　　or
銀ワイン

---

7 ことわざの「蓼(たで)食う虫も好き好き」、この虫とは……

アブラムシ
　　or
イナゴ

---

8 熟れる前のトマトやバナナ。緑色をしているので、光合成を行っている

◯ or ✕

5　✕

ちなみに、出身中学は熊本県の菊池市立七城中学校という実在の中学校と設定されています。これは作者の赤塚不二夫先生が設定を考える際、「アシスタントの出身中学校のなかで、東京から最も遠い学校を選ぶ」とその場のノリで決めたから。

6　青ワイン

青ワインは存在します。山梨県で醸造される「勝沼ブルーワイン」は淡い水色をしています。また、2015年にスペインで販売が始まったGik（ジック）というワインは、ジーンズに用いる染料のインディゴで着色された真っ青なワインです。
一方、名前にシルバーを冠したワインは世界中にありますが、銀色と表現するほどの色のワインは存在しません。
ワインの色には黒ワイン、緑ワイン、オレンジワインなどがあります。

7　アブラムシ

まんまのネーミングのタデアブラムシという虫がいます。

8　◯

光合成を行うのは葉緑体ですが、葉緑体が緑に見えるのはクロロフィルという色素を含んでいるからです。葉緑体が存在するので、当然光合成を行います。そして熟していく過程で葉緑体が、赤や黄色の色素であるカロテノイドを含む有色体という別の器官に分化していくのです。
結果熟した果実はあまり光合成を行わなくなります。これは紅葉した葉が光合成を行わないのと同じ仕組みです。

9 中東のイスラエルとヨルダンの間にある湖「死海」。この湖は塩分濃度がとても高く浮力が大きいため、「湖面に浮かんで本が読める」場所として有名です。
では、この死海。「死の海」というだけあって、魚は一匹もいない

○ or ✕

10 鈴虫を英語で書くと「bell」という文字は使われる。

○ or ✕

11 狸寝入りは、英語で狐寝入りという。

○ or ✕

12 フィギュアスケートの男子選手はみんな長ズボンを履いており、半ズボンの選手は見かけません。
では、男子選手が半ズボンで滑ると、失格になる。

○ or ✕

9 ×

死海の平均塩分濃度は30％前後で、これは海水の10倍ほど
です。英語で Dead Sea と呼ばれるくらいですから一部の藻
や細菌を除いて生物は存在しないと考えられていました。
しかし近年、川から水が流入するごく狭い範囲で小魚が生息
していることがわかりました。死海の水はコップ１杯で梅干
し10個以上の塩分を含みます。目や肺に入ると非常に危険、
最悪死に至ります。浮かんで本を読む際はくれぐれもご注意
を。

10 ○

英語では bell cricket といいます。鈴虫は日本とアジアの一
部地域にしか生息していないため、日本名の鈴虫がそのまま
英訳されたのです。

11 ○

fox sleep といいます。もともと狸寝入りという言葉は、タ
ヌキが死んだふりをすることから付いた言葉です。同様にキ
ツネも死んだふりをするのです。しかしキツネの場合は死ん
だふりをして油断して近づいてきた獲物を獲るのだとか。同
じ死んだふりでも目的は真逆です。

12 ×

失格にはなりませんが、減点対象になります。ズボンの着用
を原則とし、タイツもダメ。また腋毛（わきげ）がはっきり見えてはい
けないので、剃（そ）るか隠すかする必要があります。

13 ヒトコブラクダとフタコブラクダを掛け合わせた、ミツコブラクダもいる。

○ or ✕

14 新型コロナウイルス関連のニュースでよく聞いた言葉「味覚障害」。もし味覚障害になっても、味覚ではなく痛覚なので「辛さ」は変わらず感じる。

○ or ✕

15 夏の夜を光で彩るゲンジボタル。ゲンジボタルの卵や幼虫も、光る。

○ or ✕

16 2020年7月現在、日本国内に多いのは？

3歳未満

or

90歳以上

13 ✕

ヒトコブラクダとフタコブラクダを交配させると、ブフトと呼ばれるこぶが一つで体格の大きな雑種が生まれます。水分が極端に少ない砂漠に適応したラクダは、海水を飲んでも平気な数少ない陸上哺乳類です。

14 ✕

味の分類「五味」は甘味・酸味・塩味・苦味・うま味の5つであり、辛味は含まれないことはよく知られています。これを根拠にすれば、味覚障害とは無関係そうですが、新型コロナウイルス感染者への聞き取りでは、辛さの感じ方も弱くなったという報告があります。詳しい仕組みは未解明ですが、少なからず影響があるようです。

15 ◯

ゲンジボタルは成虫だけでなく幼虫も光ります。なので孵化直前の卵も光るのです。逆に、幼虫では光るのに成虫になると光らなくなる種もいます。またホタルは、死んだ後も光ることがしばしばあります。

16 3歳未満

2019年10月の調査では3歳未満の子供が280万人、90歳以上は220万人と、3歳未満人口の方がやや多いです。
ところが、2020年9月時点で90歳以上は244万人と、前年より24万人増加し、一方の新生児は2019年で86万人（前年より5万人以上減少！）であることを考えれば、あと数年で逆転することは間違いありません。

17 距離が長いのは？

琵琶湖の周囲を１周
        or
山手線を10周

---

18 華やかさには欠けるが実力はある人をたとえた言葉「いぶし銀」。この言葉は、銀閣寺の地味な外見が由来である。

〇　or　✕

---

19 北極に住むシロクマは歩きながら……

冬眠する
        or
出産する

---

20 KFCのカーネルサンダースの人形は、カーネル・サンダース本人より……

大きい
        or
小さい

17　山手線を10周

山手線は1周約34.5km。一方の琵琶湖は約200km。山手線10周の方がだいぶ長いです。ちなみに山手線1周を真っすぐ伸ばすと、ちょうどイギリスとフランスを隔てるドーバー海峡くらいの長さになります。

18　×

銀は時間と共に空気中の微量な硫黄と反応して硫化銀となり、光沢が失われてくすんでいきます。この色合いの渋さに由来する言葉です。ちなみに、かつては銀閣寺も銀箔が貼られていたとの説がありましたが、21世紀の調査で何も貼られていなかったと判明しました。

19　冬眠する

一般的にホッキョクグマは冬眠しないといわれていますが、正確には冬眠状態と同じようにエネルギーの消費を抑えながら動き回ります。これは「歩く冬眠」とも呼ばれます。

20　小さい

人形の大きさは台座込みで173cm。一方のサンダース氏本人は180cmほど。人形の方が実際より少しだけ小柄です。ちなみにカーネル・サンダースの「カーネル」とは大佐という意味です。では、カーネル・サンダースは昔軍人だった。〇か×か？　正解は、〇。しかし階級は一兵卒どまりで、大佐というのは事業で成功した後に付けられた名誉称号です。

21 宇宙には空気がありません。ですが、宇宙空間には実は意外な特徴があります。それは……

宇宙特有のにおいがある

or

水中のような動きにくさがある

---

22 国連加盟国の全ての国旗の中で、より多くの国旗に描かれている図案は？

月

or

太陽

---

23 広辞苑に載っている漢字の「一」から始まる言葉。多いのは……

いち〜と読む言葉

or

ひと〜と読む言葉

---

24 馬をも感電死させるデンキウナギ。デンキウナギは電気を流す時、自分も感電している。

◯ or ✕

21　宇宙特有のにおいがある

宇宙船から出て船外活動をした宇宙飛行士の宇宙服は独特の香りがするそうです。火薬の臭いともステーキが焦げた匂いとも、はたまた甘いフルーツの香りともたとえられますが、においがあることは間違いないようです。

22　太陽

月が描かれているのは18ヵ国、太陽は19ヵ国と僅かに太陽の方が多いです。エクアドル国旗の中央の太陽やモルドバ国旗の月と太陽は、よーく見ないと見つかりません。ちなみに、パラオやラオスの国旗の丸は月を表しています。

23　いち～と読む言葉

いち～は638語。ひと～は323語でした。

24　○

もちろんダメージがあるわけではありませんが、電極などを仕込むと頭の近くにもうっすらと電流が流れているようです。ではなぜ無事なのか？　体内に蓄えられた脂肪組織が絶縁体になり致命的なダメージを防いでいるのです。
そう考えると、進化で電気を流す能力を得る→自分も感電する→感電しないように脂肪を蓄える、という過程をたどったのでしょうか？
冷静に考えれば自分が感電した時点で諦めてしまいそうなものですが、我慢して進化を続けたデンキウナギ。頭が下がりますね。

25 現在の直木賞の選考委員は全員直木賞受賞者である。

○ or ✕

26 最近の電子レンジは、ボタン一つで本格的な料理を自動で作ってくれます。では、電子レンジを使って作れるのものは？

ダイヤモンド

or

ドライアイス

27 世界各国で使われている動物が微妙に違う十二支ですが、イランの十二支でウサギの次に来るのは？

黒いウサギ

or

クジラ

28 カニが泡を吹いている時は、人間と同じように体調が悪い時である。

○ or ✕

25 ×

現在の選考委員では、北方謙三先生のみ直木賞を受賞していません。

26 ダイヤモンド

もちろんご家庭でお手軽に、というわけにはいきません。小さなダイヤモンドのかけらをメタンガスなどと一緒にレンジに入れ3ヵ月ほどぶっ続けで温め続けると、大きなダイヤモンドを作ることができます。失敗しても当方は一切関知しませんので、あしからず。

27 クジラ

漢字で表記するため、十二支は漢字文化圏だけのものと誤解されますが、トルコなどの西アジアやブルガリアなどの東ヨーロッパにも十二支はあります。これはモンゴル帝国の影響下にあった国に広まったようです。

28 ○

カニが泡を吹くのは、地上でエラが乾いた時です。エラが乾くと酸素を取り込むことができません。そこで体の中に溜めていた水分をエラに送り、水から酸素を取り出します。この時泡を吹いているように見えるのです。つまり、泡を拭いている時は酸欠なのです。

23

29 自分の役職が右大臣から左大臣になったら、左遷である。

○ or ✕

30 微生物のゾウリムシ。英語での呼び名はスリッパ虫である。

○ or ✕

31 ぶつけると痛い弁慶の泣き所。今では脛のことですが、かつては脛以外にも「弁慶の泣き所」と呼ばれていた体の部位がありました。それは……

耳たぶの先端

or

手の中指の先端

32 重いのは？

野生のシャチ（大人）

or

名古屋城のシャチホコ

29 ✕

右大臣より左大臣の方が上位とされています。なので左遷ではなく栄転です。
知り合いが左大臣に任ぜられたら、安心してお祝いしてあげてください。

30 ◯

英語名は slipper animalcule 。このスリッパを草履と訳して和名をゾウリムシとしました。

31 手の中指の先端

なぜ中指の先端を弁慶の泣き所と呼んだのか？ 「中指だけ折り曲げると先端に力が入らないから」など諸説がありますが、定説はありません。また、首の後ろの凹みも「弁慶の泣き所」と呼ばれていました。

32 野生のシャチ（大人）

野生のシャチ（大人）の重さは平均して3600kg以上。名古屋城のシャチホコは、1200kgほどです。金色に輝くシャチホコですが金が使用されているのは表面だけで、金自体の重さは88kg。土台は木造です。お城の天守に置かれるイメージが強いシャチホコですが、そもそもは寺院の屋根に防火のおまじないとして設置されていました。
また、シャチホコには雄と雌があるといわれます。口を大きく開けているのが雄、閉じ気味なのが雌です。

33　20世紀最大の建築家、アントニ・ガウディ。彼の作品で最も有名なのは、バルセロナで現在も建設中の教会サグラダ・ファミリアでしょう。では、ガウディの遺体はサグラダ・ファミリアに葬られている。

○　or　×

34　イギリスで、勲章が授与されたことがある動物は……

猫　or　牛

35　えくぼを作る筋肉の名前は……

笑筋
　or
喜筋

36　えくぼつながりでもう一問。
人間の体で「ヴィーナスのえくぼ」と呼ばれる部位がある場所は……

デコルテまわり
　or
ウエストまわり

33 ○

サグラダ・ファミリアの地下には**博物館とアントニ・ガウディ
の墓があります**。かつては「300年経っても完成しない」と
いわれたサグラダ・ファミリアですが、近年の寄付金の増加
や3Dプリンターの活用などの技術革新により、ガウディ没
後100年に当たる2026年の完成を予定しています。ちなみ
にガウディはサグラダ・ファミリアの2代目建築家で、初代
建築家のフランシスコ・ビリャルが意見の対立から辞任した
後に設計責任者に就任しました。

34 猫

イギリスでは1943年に制定された動物専用の勲章「ディッ
キンメダル」が存在し、戦争で活躍した動物に贈られていま
す。これまでに鳩、犬、馬、猫に授与されています。

35 笑筋

「笑筋＝しょうきん」と読みます。えくぼを漢字で書くと「笑
窪」。笑窪を作るのでそのまま笑筋です。

36 ウエストまわり

ヴィーナスのえくぼ（ウェヌスのえくぼ）とは腰の背面にあ
る対称的なくぼみのことです。痩せすぎず太りすぎず、最も
美しい体型の時に現れることからしばしば**美のシンボル**とさ
れます。

37 人間は何事にも慣れる生き物です。では、蚊に刺され続けると、痒くなくなる。

○ or ×

---

38 ボウリングのボール。使ってはいけないのは？

穴のないボール

or

穴が100個のボール

---

39 トイレットペーパー（ダブルの45m巻）と、BOXのティッシュペーパー（160組入り）。隙間なく並べたら、広いのは？

トイレットペーパー

or

ティッシュペーパー

---

40 完璧な人に一つだけ欠点があることを「玉に瑕」と言いますが、逆に、欠点ばかりのなかに一つだけ長所があることを「瑕に玉」と言う。

○ or ×

37 ○

蚊に血を吸われて痒くなるのはアレルギー反応です。同じ種類の蚊に刺され続けると反応が弱くなり、また痒みが続く期間も短くなります。結果、お年寄りの中には全く痒くならない人もいます。

38 穴が100個のボール

現在のボウリングの規則では「ホールやくぼみは5つ以下」と決まっています。ちなみに、ボウリングでは両手投げもちゃんと認められています。

39 ティッシュペーパー

トイレットペーパーがダブルだとして、その面積は長さ45mの2倍と幅114mmを掛けた値なので
$45 \times 2 \times 0.114 = 10.26$㎡
ティッシュペーパー1枚の大きさは、およそ200mm × 220mm。これが160組320枚あるので
$0.2 \times 0.22 \times 320 = 14.08$㎡
よって、ティッシュペーパーの方が広くなります。

40 ○

「玉に瑕」という言葉は中国後漢時代の思想書『論衡』に由来します。宝石の表面にできたわずかな傷から「完全ななかの唯一の欠点」を意味するようになりました。
一方の「瑕に玉」はいつごろ作られた言葉なのかハッキリとはわかっていません。ですが広辞苑にも載る立派な慣用句です。

41 イギリスの事実上の国歌「女王陛下万歳
(God Save the Queen)」はその名のとお
りエリザベス女王を称える歌です。
自分を称える歌なので、式典などの国歌斉
唱の際、女王は国歌を

歌う
　or
歌わない

42 次のうち、人形浄瑠璃に由来する言葉は
どっち？

足が出る
　or
首を切る

43 生まれたばかりのヒラメの稚魚。生まれた
時から、目は片側だけにある。

○　or　✕

44 サッカーの試合では、審判をレッドカード
で退場させることができる。

○　or　✕

41 歌わない

臣下が自身を称える歌だからなのか、理由は定かではありません が、実際に公式の場ではエリザベス女王は英国国歌を 歌っていません。また、エリザベス女王が退位され次の君 主が男性になった場合、曲名や歌詞も「国王陛下万歳（God Save the King）」に変更されます。ついでに言うと、リヒテ ンシュタインの国歌『若きライン川上流に』は女王陛下万歳 と全く同じメロディです。

42 首を切る

人形浄瑠璃で使う人形は分解できます。また頭を取り替える ことで、一つの人形で複数の役柄を演じることができるので す。ここから、役目を終えて頭を外すことを「首を切る」と 表現し、転じてお役御免で解雇することを首を切るというよ うになったのです。

43 ✕

生まれた瞬間は、普通の魚と同じように目は左右にあります。 成長するにしたがって、片側に寄っていくのです。

44 ✕

サッカーの競技規則では、カードによって退場になるのは競 技者のみとなっています。しかし、かつてイングランドのア マチュアリーグでは審判が自分自身にレッドカードを出して 退場したことが2度あります。どちらも興奮してスポーツマ ンシップに反した態度をとった自分への処罰として、レッド カードを出して退場しました。ルール違反にあたるため、後 に罰金と資格停止処分が下されたそうです。

45 東京都葛飾区にある證願寺の境内には、他の寺にはない珍しい施設が設置されています。それは……

プラネタリウム
　　　or
プロレスのリング

46 1日の長さは24時間といわれますが、正確には少しズレており、またこのズレは少しずつ大きくなっています。では未来の1日の長さは、今より……

長い
　or
短い

47 日本の紙幣「日本銀行券」にはこれまでにさまざまな動物が描かれてきました。では、最も古い日本銀行券に描かれていた動物は……

ネコ
　or
ネズミ

45　プラネタリウム

本格的なプラネタリウム施設があり、予約制ですが、檀家でなくても観賞できるそうです。
ちなみに公式ブログによると、2020年10月の投影内容は『どこでもやらない・火星接近』で、肉まん、あんまんと火星の不思議な関係に関する内容とか。爆裂に気になる！

46　長い

地球の1日はどんどん長くなっています。この原因は、地球と月の位置関係にあります。月は地球から、1年で約3.8cmずつ離れています。これに伴い地球の自転速度も少しずつ遅くなっており、1日の長さが伸びているのです。計算上では地球誕生当時の1日の長さは、5時間ちょっとだったそうです。

47　ネズミ

1885年5月9日に発行された最初の日本銀行券には大黒天が描かれていましたが、その足元に小さくネズミも描かれています。
日本銀行設立前に流通していた国立銀行紙幣まで遡ると、一円紙幣裏面の元寇の合戦図に描かれた馬が最初になります。

48 「万学の祖」と称された古代ギリシアの偉大な哲学者アリストテレス。彼の著書として実在するのは？

夢占い

or

手相占い

---

49 水泳の自由形。いくら「自由」とはいえ禁止行為もいくつかあります。自由形で禁止されているのは……

途中で泳ぎ方を変える

or

水中を走る

---

50 出世のための関門を表す言葉「登竜門」。これはかつて中国で急流を登った鯉が竜になったという伝説に由来します。
しかし、この「鯉」とは川魚のコイとは違う魚を指すという説があります。この鯉の字が指すのは……

カワイルカ

or

チョウザメ

48　夢占い

スピリチュアルのにおいを強く感じるタイトルですが、ごくごく最近まで予知や幽霊は立派な学問の対象でした。大科学者ニュートンは錬金術の研究に半生を捧げましたし、エジソンが通信機器研究を行ったのは死後の世界と交信するためだったともいわれています。

49　水中を走る

自由形の主な禁止行為は「15m以上潜水する」「プールの底を歩いたり蹴ったりする」などです。なので途中で泳法を変えても良いのです。

2000年のシドニーオリンピックでは、オーストラリアのマイケル・クリム選手がゴール直前で「手はクロール、足はドルフィンキック」という泳法に切り替えました。現在の水泳理論ではこの「ドルフィン・クロール」が最速の泳法と考えられています。

そもそもクロールでなく自由形と呼ばれる理由は「今後、クロールよりも早く泳げる泳法が生まれる可能性があるから」。近い将来、自由形のメジャーな泳法はドルフィン・クロールになるかもしれません。ちなみに、クロールの日本名は速泳（はやおよぎ）です。

50　チョウザメ

鯉の滝登りの由来である登竜門。かつての中国では「鯉」はチョウザメを指しました。チョウザメは産卵のために川を遡りますし、竜を思わせるギザギザの背びれもあります。よってチョウザメ説が有力です。

51 日本国内で世界遺産を壊すと、もちろん罰せられる。

○ or ✕

52

は **A** or **B** ？

A	B
『ワイドナショー』 『世界の果てまでイッテQ！』 日曜劇場『半沢直樹』	

51 〇

世界遺産条約によれば、世界遺産の保護は条約締結国の義務とされていますが、それに関する罰則の規定はありません。しかし、日本国内の世界遺産は文化財保護法や自然公園法などに基づいて保存・管理されており、これらの法律には罰則規定が存在します。結果として、日本国内の世界遺産を壊すと罰せられると考えられます。

52 A

Aは上から順に、日曜日のテレビ番組＝サンデー、拳銃の弾倉＝マガジン、スキーのジャンプ。
Bは上から、なかよし、リボン、イタリア人の挨拶＝ちゃお。
つまりAは少年漫画雑誌で、Bは少女漫画雑誌の名前です。
具志堅用高さんはボクシング世界王者＝チャンピオンですので、答えはAです。

四択クイズ
71問！

4つの選択肢から正解を選んでね。
ページをめくると、正解があるよ。

53 日本刀の部位の名前。実在するのは？

さば	はぜ
はまち	はたはた

54 BS放送やケーブルテレビで受講できる「放送大学」。英語名は？

The **Radio** University of Japan	The **Public** University of Japan
The **Open** University of Japan	The **Air** University of Japan

53　はまち

日本刀の刀身のうち、刃と茎の境にあるでっぱりを区といいます。区のうち、刃側を刃区と呼び、刃がついていない側を棟区と呼びます。

もちろん、お魚は関係ありません。

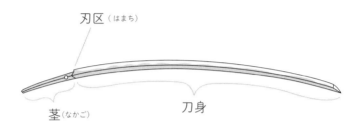

刃区（はまち）

茎（なかご）

刀身

54　The Open University of Japan

国立大学と誤解されがちな放送大学。日本国が設置した大学であることに間違いはないのですが、2003年以降は国設の私立大学として扱われています。The Open University の名が示す通り入学試験はなく、誰にでも等しく開かれた大学です。

55 都道府県別の持ち家率。最も低いのは？

北海道	東京都
沖縄県	鳥取県

56 バングラデシュの通貨はどれでしょう？

ツル	ワシ
タカ	バングラデシュ ドル

55 沖縄県

最下位の**沖縄県**は44.4％でワースト2の**東京都**（45％）との差はごくわずか。**全国平均は61.2％**で、沖縄県と東京都以外の全ての道府県は50％を上回っています。

参考：総務省統計局「平成30年住宅・土地統計調査」

56 タカ

鳥のような響きの**通貨タカ**。他に変わった響きの通貨には**タラ（サモア）**や**アリアリ（マダガスカル）**など。ちなみに、現在バングラデシュで流通する**2タカ貨幣**は日本の造幣局で製造された**made in Japan**の貨幣です。造幣局は外国の通貨を製造することもあるのです。

通貨といえば、日本円を表す¥記号。実は中国の人民元もこの¥記号で表します。

57 子供が嫌いな野菜ランキング。1位は何でしょう？

ピーマン	ゴーヤ
春菊	セロリ

58 囲碁や将棋で、最高位は名人と呼ばれました。では、名人に次ぐ位の人物は何と呼ばれたでしょう？

子名人	半名人
次名人	偽名人

57 ゴーヤ

４年連続で1位はゴーヤ。ちなみに大人が嫌いな野菜の１位はセロリでした。好きな野菜は年齢問わずトマトが１位。変わったランキングでは、緑黄色野菜と勘違いしていた野菜１位はキュウリでした（カゴメ株式会社調べ）。

58 半名人

名人に次ぐ人物は半名人もしくは準名人と呼ばれました。また、名人の段級は九段とされ、七段を上手と称したことから、その間に置かれた半名人は名人上手とも呼ばれました。なんだか、名人よりも上手そうに聞こえるのはアタクシだけかしら？

59 アメリカでは指の多い猫のことを何と呼ぶでしょう？

リンカーン・キャット	ベーブルース・キャット
ヘミングウェイ・キャット	トランプ・キャット

60 地球上には、4400℃もの高温を生み出す生き物がいます。この生き物は……

アリの仲間	エビの仲間
トカゲの仲間	スカンクの仲間

59 ヘミングウェイ・キャット

『誰がために鐘は鳴る』『老人と海』などの名著を残しノーベル文学賞も受賞したアーネスト・ヘミングウェイ。彼が飼っていた猫には指が6本あり、この猫を「幸運を呼ぶ猫」と可愛がったことから多指症の猫をヘミングウェイ・キャットと呼ぶようになったそうです。フロリダ州にあるヘミングウェイの自宅を改装した博物館には、彼の愛猫の子孫たちが今も暮らしており、幸運を呼ぶ6本指もちゃんと遺伝しています。

60 エビの仲間

エビの一種のテッポウエビは、大きなハサミを閉じる際に音を発して敵を威嚇(いかく)したり標的を気絶させたりします。近年の研究で、この音を鳴らす際になんと4400℃を超える高温のプラズマを発生させていることがわかりました。体長は5〜7cmですが、発する音は最大で210デシベル。1km先からも聞こえるそうです。

61 例年、日本で最も離婚が多いのは何月でしょう？

1月	3月
4月	12月

62 食糧問題の解決策としてにわかに注目される昆虫食。世界で最も多く食べられている昆虫は？

ハチ・アリ	バッタ
カブトムシなどの甲虫	毛虫・イモムシ

61　3月

　3月に離婚が多い理由には、4月からの新生活を機に人生を
リセットしたい人が多いからです。離婚で苗字が変わる等の
連絡も、4月から働く新しい職場ならば最小限ですみます。
また、妻が夫の扶養に入っている家庭では税金の控除の関係
で12月末までは結婚していた方が得であり、年明けから離
婚の話し合いが始まるケースが多く、結果として3月頃に離
婚が成立するようです。

62　カブトムシなどの甲虫

　FAO（国連食糧農業機関）のレポートでは、多い方から甲虫
類(カブトムシなどのコガネムシ科)が31％、毛虫・イモム
シ類が18％、ハチ・アリが14％、バッタ類13％となってい
ます。
　大手レシピサイトのクックパッドにも、わずかながら昆虫食
のレシピは掲載されています。
　なかなかパンチの効いた見た目ですので、閲覧は自己責任で。

63 夏目漱石の中編小説『坊っちゃん』。この作品で、主人公「坊っちゃん」は最終的にはどうなったでしょう？

松山で 結婚	東京で 転職
出征して 戦死	夢落ち

64 一般的にほぼ同時に生まれてくる双子ですが、出産時に日をまたぐなどして誕生日が違うことが時々あります。では、ギネス認定の誕生日が最もずれている双子は何日間の開きがあるでしょう？

7日間	17日間
37日間	87日間

63　東京で転職

「親譲りの無鉄砲で子供の頃から損ばかりしている」という書き出しで始まる『坊っちゃん』。四国の旧制中学校に数学教師として赴任した坊っちゃんは当地で騒動を起こした後に、東京に戻り街鉄の技手つまり都電の職員に転職したところで物語は終わります。しばし「坊っちゃんは夏目漱石自身をモデルにしている」と誤解されますが、漱石は英語の教師だったので一致しません。むしろ坊っちゃんに懲らしめられる「赤シャツ」に、若い教師たちから煙たがられていたかもしれない自身の姿を投影したのかもしれません。

64　87日間

2012年にアイルランドで生まれた双子の赤ちゃんは、なんと3カ月もの間隔をあけて生まれてきました。一人目の赤ちゃんを産んだところで陣痛がストップ。二人目が胎内に残されたまま87日が経過し、その後無事に出産したそうです。かつて日本では双子のうち先に生まれた方を弟妹、後から生まれた方を兄姉とする習慣がありましたが、現行の出生届には生まれた時間も記載するので、今では生まれた順番がそのまま兄弟姉妹の順になります。

65 「図に乗る」の由来に関係するのは次のどれでしょう?

キリシタンの踏絵	お坊さんのお経
城のしゃちほこ	地図に載るほどの豪邸

四択クイズ

Q

66 日本国内で、ペットとして飼うことができるのは?

キリン	コンドル
キングコブラ	ホオジロザメ

65　お坊さんのお経

「図に乗る」の図は、お経の唱え方の記号のことです。仏教のお経の一つで、リズムやメロディがあるものを声明と呼びます。この声明の途中で転調する箇所が難しく、ここが上手くいくことを「図に乗る」と呼びました。ここから「上手くいって調子に乗る、得意になる」ことを図に乗ると言うようになりました。

66　ホオジロザメ

他の３種類の動物は動物愛護管理法で特定動物に指定されています。これに指定された動物は愛玩目的つまりペットとして飼育することができません。特定動物は人に危害を与える可能性がある哺乳類、鳥類および爬虫類から選ばれるので、どんなに危なくても魚であるホオジロザメの飼育は、法律上可能と考えられます。

しかし実際に飼うとなると「ペット可のマンションなのか？」「水槽の重さに耐えられる床なのか？」「餌代は払えるのか？」「命は惜しくないのか？」など、解決すべき問題は多く残ります。

67 海の生物ヒトデ。ヒトデの特徴で間違っているのは？

脳がない	神経がない
血液がない	寿命がない

68 『サザエさん』の波平さんが、電話で会話したことがあるのは？

マッカーサー	吉田茂
田中角栄	小池百合子

67　寿命がない

ヒトデは棘皮動物というナマコやウニの仲間です。これらの動物は原始的な構造をしており、脳や神経、果ては血液までありません。血液の代わりに取り込んだ海水を循環させて酸素を取り込むのです。

68　吉田茂

『サザエさん』の原作コミックス４巻に収録されたエピソードで、正月に吉田茂首相から間違い電話がかかってくる、という話が存在します。

69 日本に伝来した当時は「南蛮柿」と呼ばれた食べ物は次のうちどれでしょう？

リンゴ	イチジク
マンゴー	柿

70 17段階ある日本の鉛筆の硬度表記で、日本の鉛筆の売上げの約半数を占めるのは何でしょう？

H	HB
B	2B

アラビア半島で誕生した**イチジク**は1591年にポルトガル人によって日本に持ち込まれました。ポルトガル人が持ってきた果物＝南蛮柿と呼ばれたそうです。同じ頃、日本に伝わった作物にトマトがあり、こちらも「南蛮柿」「唐柿」と呼ばれたそうです。ちなみに当時のトマトは観賞用の植物でした。

かつてはHBが売り上げ１位でしたが、子供たちの筆圧低下につれて濃い鉛筆の売り上げが上昇しました。戦時中敵性言語の使用が禁じられた際は、HBは中庸、2Bは二軟、2Hは二硬などと表記されました。しばしば誤解されますが、鉛筆の芯に鉛は含まれませんし、これまでにも含まれていたことはありません。かつては黒鉛が鉛の一種と誤解されておりその名残から鉛筆と名付けられましたが、現在では黒鉛は炭素の同素体だとわかっています。

日本で初めて鉛筆の量産に成功したのは、現在も鉛筆の国内シェア1位である三菱鉛筆。赤いスリーダイヤのロゴでお馴染みですが、三菱財閥に租を持つ三菱グループの企業ではありません。

71 かつて日本で「臭水」と呼ばれた液体。これは現在の何でしょう？

香水	石油
静脈血	ワイン

72 現在日本で、最も多く輸入されている野菜は何でしょう？

トマト	にんじん
たまねぎ	キャベツ

71　石油

日本書紀には「越国（現在の新潟県）で採れた燃える水・臭水を天智天皇に献上した」という記述があります。これは今でいう**石油**に相当すると考えられます。この記述を基に新潟県胎内市は「**日本最古の石油発祥の地**」と称しています。現在でも新潟県は**石油産出量日本一**の都道府県。ですが、国内消費量の1%にも満たない量です。

マッチングアプリで「職業＝石油王」の人物を見つけても住所が新潟県だったなら、絵に描いたような王族暮らしは望めないでしょう。

72　たまねぎ

日本の輸入量が一番多い野菜は、年間30万トン近く輸入されているたまねぎです。同様に、日本の輸入額が最も高い野菜はパプリカ、日本人が年間で最も多く購入する野菜はキャベツです。

73 日本発祥の実在したスポーツはどれでしょう？

軟式卓球	軟式ゴルフ
軟式ボウリング	軟式弓道

74 結婚50周年の結婚記念日を金婚式、25周年を銀婚式と呼びます。結婚記念日の種類はこれ以外にも数多くありますが、次の結婚記念日のうち、経過年数が最も長い（結婚期間が長い）のはどれでしょう？

鉄婚式	銅婚式
錫婚式	電気器具婚式

73 軟式卓球

20世紀初頭から2001年まで行われていた、日本発祥の卓球です。ちなみにソフトテニスも日本発祥です。日本発祥のスポーツは他に、空手や柔道、競輪、駅伝、ゲートボール、少林寺拳法がありますが、蹴鞠（けまり）が流行っていた日本でサッカーに似たスポーツが誕生しなかったのは実に不思議です。

74 錫婚式（すず）

鉄婚式は6年、銅婚式は7年、錫婚式は10年。電気器具婚式は8年です。他に特徴ある名前は、花と果物婚式（4年）、書籍婚式（4年）などがありもうメチャクチャ。ちなみに金婚式より長い記念日はエメラルド婚式（55年）、ダイヤモンド婚式（60年）、プラチナ婚式（70年）などがあり、85年や100年のお祝いをwine（ワイン）と呼びます。

75 食品に含まれる変わった名前の成分。実在しないのはどれでしょう？

ナスに含まれる**ナスニン**	ショウガに含まれる**ショウガオール**
ウナギに含まれる**UnaG（ユーナジー）**	羊肉に含まれる**ジンギス酸**

76 作品の公開が取りやめになることを「お蔵入り」といいますが、このお蔵入りの語源に当たるのは次のどれでしょう？

お先真っ暗	忠臣蔵
落雷	千秋楽

75 羊肉に含まれるジンギス酸

他は全て実在する成分です。食品・植物由来の成分には有名なリンゴ酸やブドウ糖、納豆に含まれるナットウキナーゼ、マツタケの香り成分マツタケオールなどがあります。

76 千秋楽

演劇などの公演の最終日を千秋楽といいますが、この「楽」を逆さまにして「くら」と呼んでいました。何かの不都合・トラブルで予定より早く千秋楽を迎えることを「くらに入る」と呼ぶようになり、そこから「お蔵入り」の語が誕生したと考えられます。

77 唐辛子、一番辛いのは？

種の中	種が付いている 芯の部分
最も先端	どこも 同じ辛さ

78 同一司会者番組の最多放送回数記録で、ギネス認定されている「徹子の部屋」。番組開始当初にあったコーナーはどれでしょう？

徹子さんが読む ニュース速報	視聴者 参加型クイズ
街ブラ ロケ	短編 アニメ

77 種が付いている芯の部分

ピーマンでいう種と一緒に捨てる部位で、胎座（わた）とも呼ばれます。この周辺に辛さの素であるカプサイシンがより多く含まれています。

まー、辛いのが苦手なアタシ達にしてみれば誤差でしかありませんが。

78 視聴者参加型クイズ

2020年現在で放送1万1000回を超える驚愕のテレビ番組『徹子の部屋』。番組開始当初は「トークコーナーだけでは視聴者が退屈するのでは？」という不安から、短いクイズコーナーがあったそうです。しかも一緒にコーナーMCを務めていたのは、デビュー2年目の関根勤さん（当時の芸名はラビット関根）でした。しかしその不安は見事（？）に外れ、番組開始から1年でトークコーナーのみとなりました。

79 日本人は１年間に、平均しておよそ何本の
傘を買うでしょう？

1本	2本
3本	4本

80 日本初の始球式を務めたのは、政治家で早
稲田大学創設者でもある大隈重信です。
では、その時の投げ方は？

オーバー スロー	サイド スロー
アンダー スロー	両手で ポイッ

79　1本

日本では1年間で約1.3億本の傘が販売されており、世界一の傘消費国といわれています。一人当たりに換算すると年間約1本となります。日本でお馴染みのビニール傘は年間8000万本も売れ、その多くが1年以内に捨てられてしまいます。また日本人は折り畳み傘を使う割合が21％と世界平均の55％よりもかなり低く、SDGs（持続可能な開発目標）に反すると批判の対象になっています。

80　アンダースロー

1908年11月22日に行われたアメリカ大リーグ選抜チーム対早稲田大学野球部の親善試合にて、大隈重信は日本初の始球式に臨みました。その時の大隈の投球フォームはアンダースローであったと伝わっています。
ちなみに野球が誕生した当初は、投手は全員アンダースローで投げていました。

81　２日にわたって複数の陸上種目を競い合
う、十種競技と七種競技。行われる種目は
全部で何種類でしょう？（重複しているもの
は１つとします）

10種目	13種目
15種目	17種目

82　江戸時代に使われていたクリスマスの別名
は何でしょう？

オランダ 冬至	オランダ 晦日
オランダ 正月	オランダ 節分

十種競技で行われるのは100m走、走幅跳、砲丸投、走高跳、400m、110mハードル、円盤投、棒高跳、やり投、1500m。七種競技は100mハードル、走高跳、砲丸投、200m、走幅跳、やり投、800m。重複しているのは走高跳、砲丸投、走高跳、やり投の4種類のみです。十種競技や七種競技のような複数の種目を連続してこなす競技を混生競技と呼びます。

十種や七種以外にも、中学生が行う四種競技（110mハードルもしくは100mハードル、砲丸投、走高跳、400mもしくは200m）、高校生男子の八種競技（十種から棒高跳と円盤投を除いたもの）などがあります。

江戸幕府によってキリスト教の信仰を禁じられた長崎の出島に住むオランダ人は、冬至をお祝いすることで時期が近いクリスマスのお祝いの代用としました。ちなみに、日本で初めてクリスマスが祝われたのは山口県山口市で、山口市は毎年12月限定で市名をクリスマス市に改名します。

ところで、クリスマスの前日をクリスマス・イブと呼びますね。Christmas Eveとは直訳すると「クリスマスの夜」。そのまま考えると25日の夜を指しそうなものですが、なぜ24日を指すようになったのか？ キリスト教のかつての暦では、一日の始まりは日没からであり、次の日没で一日が終わると考えていました。つまり24日の日没直後からクリスマスはスタートし、25日の日没の瞬間にクリスマスは終わるのです。なので、元来の意味でのクリスマス・イブとは24日の日没直後からを指します。

83 松尾芭蕉の俳句『静けさや　岩にしみいる蝉の声』、この蝉とは何のことでしょう？

アブラゼミ	ニイニイゼミ
ヒグラシ	エンマ コオロギ

84 年収が最も高いのは？

防衛大臣	警察庁長官
検事総長	最高裁判所 長官

83　ニイニイゼミ

元禄2年の旧暦5月27日（1689年7月13日）に山形県の立石寺で詠んだとされるこの句は、芭蕉の作品の中でもとくに有名なものです。この蝉の種類が何であるかについて、かつて文学界で論争が起きましたが、時期や現地での生息状況からニイニイゼミが有力と結論付けられました。ちなみに小林一茶の俳句『痩せガエル　負けるな一茶　ここにあり』のカエルはヒキガエルだと考えられています。

84　最高裁判所長官

大臣の年収はざっと3000万円ほどで、どの省庁でも同じです。ちなみに大臣を兼任しても給料は上がりません。警察組織の長たる警察庁長官は推定で約年収2500万円。検察のトップの検事総長は3000万円近く。これは大臣と同じ額です。そして最高裁判所長官は4000万円と堂々のトップ。皆さん、厳しい試験と苛烈な競争社会を勝ち抜いてきたエリート中のエリートです。ぜひとも、血税を受け取るにふさわしい職務を全うしていただきたいものです。

85 現在の国道１号は東京都の日本橋と大阪府の梅田を結んでいます。しかし国道１号のルートは時代と共に変わってきました。
では、大正時代の國道１號はどことどこを結んでいたでしょう？

日本橋 ― 皇居	日本橋 ― 伊勢神宮
日本橋 ― 二条城	日本橋 ― 出雲大社

86 潜水時間が最も長いのは？

アカガエル	アオイモリ
シロワニ	ミドリガメ

85 日本橋 ― 伊勢神宮

国道1号にあたる道路の起点は、いつの時代も東京の日本橋です。しかし、終点となる場所はその時代によって変えられています。

明治18年に日本で初めて国道が指定された時、当時の国道1号に当たる「壹號國道」は日本橋から横浜港に至るものでした。その後、大正9年に施行された道路法により國道が刷新され、國道1号の終点は伊勢神宮（正式名称は、神宮）とされました。これは軍国主義が進む日本政府が国家神道を推し進める狙いがあったからだと思われます。

86 シロワニ

この中で潜水時間がダントツで長いのはシロワニです。

というのも、シロワニは爬虫類のワニではなく、サメの一種の名前なんです。サメは魚なので当然潜水時間は無限。

日本では昔からサメの別称としてワニ（鰐）を用いてきました。「古事記」にも載る因幡の白兎の物語で、ウサギが並んだワニの背中を渡っていきましたが、このワニもサメだと考える説があります。

87 次の家電の中で消費電力が一番高いのはどれでしょう？

ヘア アイロン	マッサージ チェア
温水洗浄機付き 便座	Nintendo Switch

88 原曲の作詞・作曲がともに日本人である、生粋の日本の童謡はどれでしょう？

ちょうちょう （蝶々）	ぶんぶんぶん
森の くまさん	かもめの 水兵さん

87 温水洗浄機付き便座

Amazonで売られている商品の平均から算出したおおよその消費電力は以下の通り。
・温水洗浄機付き便座　400w
・マッサージチェア　165w
・ヘアアイロン　100w
・Nintendo Switch　16w

88 かもめの水兵さん

「ちょうちょう」の原曲はドイツ民謡の「幼いハンスちゃん」です。その内容は「少年が旅に出て立派に成長し母のもとへ帰ってくる」という、昆虫とは何一つ関係のない歌です。「ぶんぶんぶん」の元となったのはチェコ・ボヘミアの民謡。それにドイツ語の歌詞が付けられ、さらに和訳されたのが我々が知っている「ぶんぶんぶん」です。「森のくまさん」の原曲は、アメリカのボーイスカウトで歌われてきた「I Met a Bear」という曲。森の中で熊に出会うというあらすじは同じですが、主人公の性別は明かされていません。
「かもめの水兵さん」は武内俊子作詞・河村光陽作曲です。

89 ベロベロに酔っぱらうことを意味する「泥酔」。この泥の字は土の泥のことではありません。では何でしょう？

昔の 悪い政治家	想像上の 生き物
贅肉や贅沢の 「ぜい」	英語の 酔っ払い 「drunk」

90 現在の地球上に、チンギス・ハンの末裔はおよそ何人いるでしょう？

550万人	1600万人
5200万人	1億人

89 想像上の生き物

泥酔の泥は、昔の中国の書物『異物志』に登場する空想の虫のことです。この泥という虫は骨が一つもなく、グニャグニャでドロドロの体をしていると考えられていました。そこから、酷く酔っぱらって真っすぐ立つこともままならない姿を泥にたとえて、泥酔という言葉が生まれました。

90 1600万人

歴史上最大の帝国を築いた男、チンギス・ハン。生涯で産ませた子供の数は100人とも200人ともいわれています。そんな子沢山のチンギス・ハンについてイギリスのレイセスター大学が研究したところ、アジア人の約0.4～0.5％がチンギス・ハンと同じ遺伝子をY染色体上に持つそうです。

91 日本で内陸県を除いて、海水浴場が最も少ない都道府県はどこでしょう？

京都府　　　　大阪府

北海道　　　　沖縄県

92 上野にある東照宮でずーっと保管されている種火。もともとは何の火でしょう？

1964年
東京オリン
ピックの聖火

1945年
原子爆弾
による火災

1657年
明暦の大火

806年頃
弘法大師が
点けた灯篭

91 大阪府（4か所）

海岸線が短く、埋め立てにより海水浴に適した浜が少ないことが主な理由。逆に最も海水浴場が多いのは千葉県です。また、日本最北の海水浴場である稚内市坂の下海水浴場はその年の気候によっては海開きが行われないこともあります。逆に小笠原諸島の父島では「日本一早い海開き」と称して元旦に海開きを行っています。

ちなみに海水浴場として世界的に有名なハワイのワイキキビーチは元々は砂浜がなく、オアフ島北部やカリフォルニア州から白砂を運んで人工的に作ったそうです。

92 1945年 原子爆弾による火災

1945年8月6日に広島で被災した山本龍雄さんが燃え落ちる家の火を故郷福岡県に持ち帰り、そこから絶やさず灯し続けた火が現在も境内のモニュメントの中で灯っています。ちなみに、弘法大師こと空海が灯したといわれる火は、広島県は宮島の弥山で「消えずの霊火」として今も燃え続けています。

93 誕生石や誕生花など誕生○はいろいろとありますが、次のうち実在するのは？

誕生海	誕生雲
誕生道	誕生山

94 次の資格試験のうち、合格率が最も低いのはどれでしょう？

司法書士	行政書士
税理士	弁理士

93 誕生山

これはひっかけ問題。誕生山（たんじょうさん）は岐阜県美濃市に実在する山の名前です。生まれた月日によって決まる誕生〇には誕生石や誕生花の他に、誕生星、誕生木、誕生色、はてには誕生酒なんてものもあるとか。各団体が自由に決定しているので、その全容はもはや把握できません。

94 司法書士

合格率が低い順位に司法書士（3.6％）、弁理士（8.1％）、行政書士（11.5％）、税理士（18.1％）となります。

（2019年調べ）

95 大きな出来事があった時の年齢。最も若いのは？

ベートーヴェン 『エリーゼのために』 作曲	マリー・ アントワネット 死去
キュリー夫人 ノーベル物理学賞 を受賞	カズレーザー 本書を出版

96 世界で最も多く獲られてる魚は次のうちどれでしょう？

カツオ	サーモン
アンチョビ	スケトウダラ

95 キュリー夫人、ノーベル物理学賞を受賞

キュリー夫人がノーベル物理学賞を授与されたのは36歳と
１カ月。
アタクシが本書を出版したのが36歳と４カ月。
マリー・アントワネットが処刑されたのは37歳。
ベートーヴェンが『エリーゼのために』を作曲したのは39
歳です。

96 アンチョビ

　２位のスケトウダラに大差をつけての圧倒的１位です。日本
に限定すると、１位サバ、２位マイワシ、３位カツオとなり
アンチョビは５位。では間の４位は何でしょう？　正解は、
ホタテガイでした。また、日本人が最も多く食べる魚はサケ。
かつては30年前まではイカが１位でしたが、現在は５位ま
で落ち込んでいます。

97 かつての日本で拳銃の所持が許可されていた職業はどれでしょう？

郵便配達員	大きな神社の神主
議員秘書	力士

98 映画『ローマの休日』でお馴染みの「真実の口」。描かれているのは誰の顔でしょう？

イエス・キリスト	ローマ教皇
ギリシャ神話の神	設計者の顔

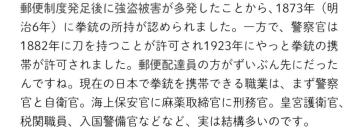

97 郵便配達員

郵便制度発足後に強盗被害が多発したことから、1873年（明治6年）に拳銃の所持が認められました。一方で、警察官は1882年に刀を持つことが許可され1923年にやっと拳銃の携帯が許可されました。郵便配達員の方がずいぶん先にだったんですね。現在の日本で拳銃を携帯できる職業は、まず警察官と自衛官。海上保安官に麻薬取締官に刑務官。皇宮護衛官、税関職員、入国警備官などなど、実は結構多いのです。

98 ギリシャ神話の神

世界的観光名所の「真実の口」はマンホールの蓋もしくは雨水を集める集水器の蓋であったと推測されています。彫刻された髭ずらの男性らしき顔は、海の神様オケアノス（Ωκε ανός）。大洋を意味する Ocean の由来にもなった神様です。

99 次の「子供が言いそうな言葉」の中で、実際に用いられていた表記はどれでしょう？

一億万円	百億万円
百万億円	一兆億円

100 一般にURLと呼ばれるインターネットのドメイン名。hotels.comやZ.comのように商業的に価値のあるドメイン名は高額で取引されることがあります。次のうち、最も高額で取引されたのはどれ？

離婚.com （divorce.com）	自動車保険.com （carinsurance.com）
SEX.com （sex.com）	インターネット.com （internet.com）

99　百万億円

現在日本で一般的な数の数え方では、1000億の次が1兆となる。つまり1万倍ごとに次の数の単位を用いる万進法という数え方です。ですが、かつての日本や中国では、1000億の次が1万億、10万億、100万億と増えていき、1000万億の次が1兆とする。

すなわち、1万×1万倍ごとに次の単位に移る数え方を用いていました。これを万万進法と呼びます。万万進法での百万億円は、万進法での¥100,000,000,000,000（100兆円）に相当します。子供の冗談だと思って不用意に「百万億円あげるー！」なんて言ってはいけません。スマホで録音されようものなら、一生かかっても払いきれません。

100　自動車保険.com

4970万ドル、日本円にして52億円以上で取引されました。購入したのはオンラインマーケティングを手掛ける米国企業のクインストリート社で、この会社は保険.com（insurance.com）を40億円で購入した実績があります。

参考までに、インターネット.comは1800万ドル、SEX.comは1300万ドルで取引されました。離婚.comは高額で取引された実績はないようです。

この日時計が使われていた、古代の文明は
どれでしょう？

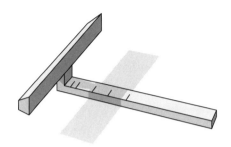

エジプト 文明	メソポタミア 文明
インダス 文明	中国文明

エジプト文明

この奇妙な形の日時計は、T時の影が円運動ではなく直線運動をして時刻を示します。つまり、太陽が真上を移動する赤道直下の地域で用いられた日時計だということです。

四大文明の中で赤道直下にあるのは、ずばりエジプト文明です。

102 全国のサクラの開花を伝えている気象庁は、他の動植物に関する観測結果も発表しています。次のうち、気象庁が実際に発表しているのはどれでしょう？

菜の花の 開花日	ケヤキの 落葉日
スズムシの 初鳴日	トノサマガエル の初見日

103 世界的に有名な絵画。次のうち一番大きいのは？

モナリザ	ムンクの叫び
富嶽三十六景	真珠の耳飾り の少女

トノサマガエルの初見日

「そんなこと発表して何になるの？」と疑問に思ってしまい
そうな報告ですが、これも季節の変化を比べる立派な指標の
一つです。他にも「ニホンアマガエルの初鳴日」「ツクツク
ホウシの初鳴日」「シオカラトンボの初見日」「チューリップ
の開花日」などなど50種以上が観測・発表されます。これ
らの発表を「生物季節観測」と呼びます。

ムンクの叫び

モナリザは77cm×53cm。
ムンクの叫びは91cm×73.5cm。
富嶽三十六景は39cm×26.5cm。
真珠の耳飾りの少女は44.5cm×39cm。

104 最もカロリーが高いのはどれでしょう？

ハチミツ	ラー油
黒こしょう	マヨネーズ

四択クイズ

Q

105 実在する国家資格は？

バルコニー 施工技能士	ユニットバス 施工技能士
床暖房 施工技能士	システム キッチン 施工技能士

ラー油

100ｇあたりのカロリーは低い順に、ハチミツ(303kcal)、
黒こしょう(364kcal)、マヨネーズ(706kcal)。そしてラー油
は、なんと919kcalもあります。

105 バルコニー施工技能士

技能士は技能検定に合格した人に与えられる国家資格で、現
在130種類が存在します。あくまで技能の程度を検定する制
度ですので、バルコニー施工技能士がいないと作ってはいけ
ないというわけではありません。

さて、国家資格の総数を調べましたが、政府資料から総数に
関する統計は見つかりませんでした。技能士130種類やアマ
チュア無線などを分けて数えると400以上はあると見られま
す。

106 1567年オーストリアの都市ブラウナウ・アム・インの市長ハンス・シュタイニンガーは自身の体のある部分が長すぎたせいで転倒し亡くなりました。非常に長かった体の部分とは？

髪	髭 （ひげ）
アゴ	男性器

107 日本生まれのパン。最も歴史が古いのは？

焼きそばパン	カレーパン
メロンパン	揚げパン

106 髭 ひげ

２ｍを超える長さの髭をたくわえ、普段は髭をまとめて胸ポケットにしまっていたそうです。しかしある日大火事が発生、慌てて逃げる際にシュタイニンガーは髭をしまい忘れてしまいました。結果自分の髭を踏んで転倒、首の骨を負傷し命を落としました。

107 メロンパン

それぞれのパンの発祥をまとめると、
・メロンパン：1910年アルメニア人のパン職人イワン・サゴヤンが帝国ホテルで開発
・焼きそばパン：1950年代に荒川区南千住の「野澤屋」がコッペパンと焼きそばを一緒にして販売したことが起源
・カレーパン：発祥は諸説ありますが、どの説も関東大震災（1923年）以降としています
・揚げパン：戦後に大田区立嶺町小学校で発明されました

108 重要文化財にも指定されている、京都市の東福寺の「東司」。これは現存する日本最古の何でしょう？

シャワー	トイレ
サウナ	プール

109 武道の秘伝や学問の参考書を指して使われる言葉「虎の巻」。虎の巻はもともと中国の書物で、全部で6巻ある中の一つです。では、虎の巻以外に存在したのは？

犬の巻	猿の巻
鳥の波	人の巻

108 　トイレ

紅葉の名所で知られる東福寺にある東司(とうす)は幅33m、奥行14mという大きな建物ですが、なんとこれ、現存最古のトイレなんです。当然水洗設備などはありませんが、当時はトイレットペーパーもなく、木片や竹のヘラでお尻を拭いたそうです。相当痛そうですが、これも立派な修行の一環だったそう。では、他の選択肢の日本最古はどこにあるのでしょうか？

残念ながらシャワーに関する日本最古の記録は残っていません。日本最古のサウナは諸説ありますが、少なくとも飛鳥時代にはサウナと同じ蒸し風呂が存在し、京都府や奈良県では文化財として保存されています。日本最古のプールは、会津藩の学校「日新館」に1803年に建設された水練水馬池だとするのが一般的です。

109 　犬の巻

虎の巻とはもともと『虎韜』という名前で、紀元前の中国の兵法書『六韜(りくとう)』の中の一つです。六韜は文韜・武韜・龍韜・虎韜・豹韜・犬韜の６つからなり、太公望が周の王様に戦争の始め方から実際の戦い方までを指南するという体裁をとります。この中で虎韜は戦争の基本である広く開けた場所での戦い方が記述され、転じて「武道の大切な技法」や「学問の入門書」を指す言葉となりました。

次の言語のうち、ウィキペディアの記事数が最も多い言語はどれでしょう？

スウェーデン語	ノルウェー語
フィンランド語	デンマーク語

Q

111 お巡りさんが現在所持している拳銃の名前は？

SAKURA （サクラ）	KIKU （キク）
YURI （ユリ）	TULIP （チューリップ）

スウェーデン語

スウェーデン語の記事は370万を越え、日本語記事の３倍以上。全体でも３位です。スウェーデン語の話者数が1000万人に満たないことから考えてもこの記事数は驚異的といえるでしょう。記事が最も多いのはもちろん英語ですが、では2位は何語でしょう？

中国語？　ドイツ語？　正解はセブアノ語。といっても馴染みのない方がほとんどのはず。セブアノ語はフィリピンの南部で話される言語で、その話者数は2000 ～ 3000万人といわれます。では、なぜこのような言語の記事が非常に多いのか？　これらの言語の記事の多くはスウェーデン人の学者スヴェルケル・ヨハンソンが作成したボットプログラムによって自動的に編集・作成されたといわれています。彼自身がスウェーデン人、彼の奥様がフィリピン人であることから、スウェーデン語とセブアノ語の記事を集中的に作成し、これまでに作成した記事数は280万近いそうです。

四択クイズ

A

111　SAKURA

現行モデルは、2006年より調達が開始された「M360J SAKURA（サクラ）」。アメリカのスミス＆ウェッソン（S&W）社の５連発リボルバーを日本の警察仕様にしたものになります。

112 魚の血液型はどれでしょう？

A型	B型
O型	AB型

113 日本生まれの映画の中で、全世界での興行収入が最も多いのは？

千と千尋の神隠し	ミュウツーの逆襲 （劇場版ポケットモンスター）
君の名は。	BROTHER （北野武監督）

112 A型

魚の血液型は、全てA型だとされています。また、しばしばゴリラは全てB型だといわれますが、まれにO型もいます。他には牛やクジラの9割がB型、カエルはAB型が多く、猫の中でもアメリカンショートヘアは全てA型です。

言うまでもありませんが、同じ血液型でも、他の動物の血液を人間に輸血することはできませんし、A型の魚が几帳面な性格とは限りません。

113 君の名は。

日本一の映画といえば、千と千尋の神隠し！……と言いたいところですが、世界全体となると話は変わります。2020年8月現在、日本国外での興行収入は「君の名は。」が「千と千尋の〜」を上回って1位となっており、国内・国外を合計しても1位は「君の名は。」です。

114 日本各地で見られる伝統漁法の鵜飼。鵜飼で漁を行う人々を鵜匠と呼びますが、各地の鵜匠と岐阜県長良川の鵜匠には大きな違いがあります。それは何でしょう？

公務員 である	人間国宝 である
上場企業の 役員である	芸能事務所に 所属している

115 絶滅危惧種の動物がもっとも多く野生で暮らす国はどこでしょう？

中国	ブラジル
エクアドル	マダガスカル

114   公務員である

長良川の鵜飼は日本で唯一の皇室御用の鵜飼であり、伝統漁業であるのと同時に宗教的儀式でもあります。なので鵜匠には**宮内庁式部職鵜匠**という**国家公務員**の地位が与えられているのです。式部職鵜匠は9名おり、全員世襲制となっています。

115   マダガスカル

絶滅危惧種はIUCN（国際自然保護連合）が作成する絶滅の恐れのある野生動物の一覧表「レッドリスト」に記載された動物を指します。2018年まではガラパゴス諸島があるエクアドルが1位でしたが、2019年にレッドリストが改訂され現在は**マダガスカル**が1位。実に2591種類の動物が絶滅に瀕しています。また**マダガスカル**では2000年以降に600種類以上の新種の動物も発見されていますが、そのほとんどが絶滅危惧種です。

116 古今和歌集や新古今和歌集は有名ですが、それとよく似た名前の和歌集のうち実在するのはどれでしょう？

新新 古今和歌集	続続 古今和歌集
続新 古今和歌集	新続 古今和歌集

117 中華料理屋さんで提供される料理「よだれ鶏」。どこの国が発祥でしょう？

中国	日本
アメリカ	シンガポール

116 新続古今和歌集
（しんしょくこきんわかしゅう）

天皇や上皇が編纂（へんさん）を命じた和歌集、勅撰（ちょくせん）和歌集は、全部で21存在します。古今和歌集や新古今和歌集は有名ですが、それ以外にも続古今和歌集や新続古今和歌集など、似たようなものがたくさん。同様の混乱は日本書紀・続日本紀・日本後紀・続日本後紀などでも起こりやすいです。

117 中国

冷静に考えれば、中華料理なので中国発祥。中国では口水鶏と表記します。間違えた方は「中華料理の天津飯は日本発祥」や「シンガポールでは茹でチキンをよく食す」といった知識を持っていたのでは？

118　別名「正5/2角形」ってどんな形のことでしょう？

星	凸
十字	折り曲げた 正三角形

119　「変わった生態」に由来する微生物の名前。実在するのはどれでしょう？

クイズ	フシギ
ハテナ	ヘンテコ

118 星（五芒星のこと）

正しい**五芒星**を書いた時、外に突き出た一つの角の大きさは36度になります。正n角形の一つの内角は「180(n - 2)/n」で表せるので、一つの角度が36度の多角形は正5/2角形と計算されます。

119 ハテナ

学名を Hatena arenicola（**砂の中に住む謎の生物**）という微生物で、変わった細胞分裂を行うことが名前の由来です。ハテナは葉緑体を持つ微生物ですが、細胞分裂で増殖する際に葉緑体は増えず、葉緑体を持つ植物型の細胞と、葉緑体を持たない動物型の細胞の２種類に分かれます。葉緑体を持たない動物型の細胞は藻類を取り込み自身の葉緑体とします。葉緑体を外から取り込むという生態が、植物の進化の歴史解明のカギになると期待されています。

イケメンゴリラとして知られる名古屋市の
東山動植物園のシャバーニは、どれ？

四択クイズ

Q

名古屋・東山動植物園のシャバーニは1996年オランダ生まれ。日本にやって来たのは2007年で、その後は写真集が出るほど人気となりました。

他の3頭（2はリッキー、3はアイ、4はネネ）も、シャバーニと同じくニシゴリラという種類で、リッキーはすでに亡くなっていますが、東山動植物園所有です。

シャバーニとリッキーはオス、アイとネネはメスです。

動植物園の方曰く、オスとメスでは頭部の形状が異なり、そこで見分けがつくそうです。

こうして見ると、ゴリラって全員イケメンなのでは？

🖤🌸 東山動植物園 🦌

法則クイズです。次に続く言葉はどれ？

協力
ナス
チキン
プ
スター

が　　　　ざ

だ　　　　ば

頭にA、B、C、D、Eを付けるとそれぞれ「**A協力**」＝影響力、
「**Bナス**」＝ビーナス、「**Cチキン**」＝シーチキン、「**Dプ**」
＝ディープ、「**Eスター**」＝イースター、と別の言葉になります。
この法則にのっとって、選択肢のひらがなにFを付けると、
「**Fだ**」＝「絵札」のみが別の言葉になります。

122 ここ数年でいくつかの地図記号が外国人旅行者にもわかりやすいものに変更されました。というのも地図記号というのは、国によって全く異なる図案を用いているのです。では、次のアメリカの地図記号が表すものはどれでしょう？

ピクニック エリア	軍事演習場
先住民の モニュメント	有名人の家

122 ピクニックエリア

そもそも「ピクニックエリアって何なのさ？」て話ですが、こういった地図記号が実在します。

世界共通と思いきや日本国内でしか通じない記号や表記は他にもあります。例えば天気記号も日本式と国際式では異なりますし、手話も世界で300種類ほどあるといわれています。

古今の歴史上の人物には数々の勇ましい異名が存在します。「第六天魔王」織田信長、「太陽王」といわれたラムセス2世やルイ14世、「雷帝」イヴァン4世、「国士無双」韓信などは後世にもよく知られた実にカッコいい異名です。その中でも特に勇ましく壮大な異名を自ら名乗った人物が、中国南北朝時代の武将・侯景です。彼が名乗った、肩書は次のどれでしょう？

必殺勇者	超無敵王
地球大統領	宇宙大将軍

宇宙大将軍

宇宙大将軍こと侯景は6世紀の中国の武将です。古今比類な
いぶっ飛んだ称号を名乗った侯景ですが、宇宙大将軍を名
乗った1年後に梁という国を奪い皇帝に即位します。
どうやら宇宙大将軍よりも皇帝の方が、位は上のようですね。
皆さんも宇宙大将軍と皇帝と3人で食事をする際は、皇帝を
先に上座に案内しましょう。

四択クイズ

ノンジャンルクイズ
44問！

ヒント付きクイズや、「あるなし」クイズ、ひらめき問題など、いろいろ盛り込んだ。
ページをめくると、正解があるよ。

124 ハリウッドでは、その他の国に比べて双子の子役が多く見られます。なぜでしょう？

ヒント①　双子の子供は、家族でも見分けがつきにくいですよね

ヒント②　一人二役ならぬ二人一役

ヒント③　アメリカの労働基準

125 世界中で流行が止まらない新型コロナウイルス。そんななか、ロシアではいまだにマスクの着用が普及しません。それはロシアというお国柄からマスクのイメージがあまり良くないからなおのことです。では、ロシアでマスクが普及しない理由は何でしょう？

ヒント①　インフルエンザが流行ってもマスクはつけないそうです

ヒント②　ロシアと聞いて何をイメージしますか？

ヒント③　極寒の中でマスクをつけるとどうなるでしょうか？

124 子役一人当たりの労働時間の上限が短く、二人で一人の役を演じさせるから

例えば2歳から6歳までの児童の撮影時間は3時間までと規定されています。双子であれば、その登場人物の撮影時間を2倍の6時間まで伸ばせますから重宝されるというわけです。

125 湿ったマスクが凍って顔に貼りつき凍傷になるから

冬場にインフルエンザなどが流行する場合も、凍傷になるリスクの方が大きいのでマスクをしないんだそうです。

126 1924年（大正13年）に250万円で作られた、とても大きなものは何でしょう？

ヒント①　当時の250万円は、現在の140億円に相当します

ヒント②　1924年は子年（ねずみどし）。名前に「子」が付く大きなものといえば？

ヒント③　毎年春と夏に、ある部活の全国大会が行われます

127 東京都内の飲食店の中には、キッチンに鍵付きの容器が置かれていることがあります。この鍵付きの容器は、何を保管するためのものでしょう？

ヒント①　ファミレスなどにはまず置かれていません

ヒント②　ズバリ、ある魚に関係があります

ヒント③　命に関わる可能性があるので厳格に管理しています

126 阪神甲子園球場

計画時は枝川運動場という名前でしたが、完成した年が甲子^(きのえ)の年という60年に1度の縁起が良い年だったため「甲子園」と名付けられました。日本のプロ野球球場の建設費を比べると、一番高いのは福岡PayPayドームで760億円（1993年開場）。現在北海道北広島市に建設中の日本ハムファイターズの球場の建設費が500～600億円と試算されていますので、しばらくは1位のままでしょう。逆に一番安いのは、プロ野球球場では最古である阪神甲子園球場……ではなく、1926年開場の明治神宮球場で、その総工費は53万円でした。

127 フグの内臓

東京都ふぐの取扱い規制条例では
『第十一条　五　除去した有毒部位は、他の食品又は廃棄物に混入しないように施錠できる容器等に保管すること。』
と決められています。ちなみに、フグはフグを食べても中毒死はしません。これはフグの毒であるテトロドトキシンに強い耐性を持つからです。しかし、高濃度のテトロドトキシンを摂取するとフグでも死んでしまいます。強い耐性であっても、無効化しているわけではないのです。

128 世界には特徴的な国旗が多くあります。よく知られたところでは、パラグアイの国旗。なんと表と裏でデザインが異なります。そんななかで、ギリシャの国旗もまた珍しい特徴があります。その特徴は「？？？がない」、さて、何がないのでしょう？

ヒント①　エクアドルの国旗の？？？が最も多く、9つあります

ヒント②　日の丸の？？？は1964年の東京オリンピックの際に決められました

ヒント③　日の丸の？？？は、ズバリ白色と紅色です！

129 八百屋さんや青果の専門家の間では、バナナが黒ずんでしまう現象をある病気にたとえた呼び方をします。一体何と呼ぶでしょう？

ヒント①　黒という色は関係ありません

ヒント②　バナナは冷たい環境に置いておくと黒ずんでしまいます

ヒント③　寒いとかかる病気といえば？

128 決まった色がない

実は国旗の色を明確に指定していない国は意外と多いのです。特にギリシャは「青ければ何色でも良い」とされており、オリンピックの閉会式で掲揚されるギリシャ国旗は大会ごとかなり色合いに差があります。

129 風邪をひく

バナナを冷蔵庫などの低温下に置いておくと皮全体が黒ずんでしまいます。これは低温障害と呼ばれる現象ですが、八百屋さんなどでは寒さに由来する病気とかけて「風邪をひく」と表現しているのです。一般に皮が黒くなったバナナでも消費期限内であれば中の果肉が傷むことはありません。また熟したバナナに見られる黒い斑点、通称シュガースポットと、全体の黒ずみは別物です。

124

130 あるなしクイズ
ある の共通点は何でしょう？

ある	**なし**
実家	故郷
お菓子	ファストフード
野菜と果実	肉と魚
讃美歌	演歌
夏真っ盛り	冬真っただ中

131 あるなしクイズ
ある の共通点は何でしょう？

ある	**なし**
日傘	影
雨	虹
そろばん	暗算
重い槍	思いやり

Q

「せいか」と言い換えられる

実家＝生家
お菓子＝製菓
野菜と果実＝青果
賛美歌＝聖歌
夏真っ盛り＝盛夏

重さがある

「物質である」「実体がある」なども正解ですが、「重い槍」と「思いやり」という問題文があるので、ぜひとも「重さ」にからめて答えて欲しいです！

あるなしクイズ
ある の共通点は何でしょう？

ある	**なし**
相々傘	雨合羽
幹施	求人
圧到的勝利	完全勝利
応待	接待
既制品	特注品
研習生	一人前

あるなしクイズ
ある の共通点は何でしょう？

ある	**なし**
直筆	自分で書く
一刀両断	一目瞭然
部首	漢字全体
合算	合計
画策	画数
逆側	こっち側

正しくは、
相々傘→相合傘
斡施→斡旋
圧到的勝利→圧倒的勝利
応待→応対
既制品→既製品
研習生→研修生

133　それぞれの漢字の画数の合計が20画になる

この問題の肝は【なし】の方の言葉が全てヒントになっている点です。
あるなしクイズに慣れてくると、ついつい【ある】の側だけを見て共通点を考えてしまいます。しかし画数のように漠然とした共通点はなかなか導き出せないものです。
反面、ヒントに気付けばほんの一瞬で解けるはず。
むしろヒントに気付かず共通点が画数だとわかったアナタは、普段から謎解きクイズをガシガシ解いてらっしゃるのでは？

134 南米のある国では、釘の上に生卵を立てる遊びが観光客に好評です。この国はどこでしょう？

ヒント①　日本で同じことをすると、なかなか卵は立ちません

ヒント②　卵が立たないのは、地球の自転と重力に関係がありそうです

ヒント③　重力と自転の遠心力が逆方向で一致するのは赤道直下

135 マジシャンが出すハトが白いのはなぜでしょう？
「白いハトは目立つから」以外の理由をお考えください。

ヒント①　「性格がおとなしい」「賢い」などの理由もありますが、もう一つ別の理由があります

ヒント②　碁石の白と黒で大きさが異なる理由と同じです

ヒント③　体のいたるところに隠すハトは、通常の鳩よりも小型です

134　エクアドル

正確にはエクアドルの首都キトです。赤道直下なので、重力と遠心力が逆方向で一致するため立ちやすいといわれています。また「赤道上で体重計に乗ると遠心力の分だけ少し体重が軽くなる」などの体験も人気です。実際は卵や人体ほどの重さでは、遠心力や重力のベクトルのずれに由来する影響はわずかなもので、釘や体重計に細工がされているケースが多いようです。

135　白いハトは大きく見えるから

色による錯覚で、白い色の物は実際より大きく見えます。マジシャンが使用するハトはギンバトと呼ばれる種類で野生のドバトよりも身体が小さいのですが、この色による錯覚で大きなハトを虚空から取り出したように見せるのです。

136 100年以上前の日本の流行語に関する問題です。1904年（明治37年）からの数年間にわたって「割り勘」のことをある職業を用いて「○○勘定」と呼ぶことが流行しました。今ではあまり馴染みのない、○○に入る職業は何でしょう？

ヒント① 日本史の問題。1904年に起こった出来事は？

ヒント② 「明日死ぬかもしれないので貸し借りはなしにする」が由来

ヒント③ 命がけで戦う職業といえば？

137 宮沢賢治が生前に唯一刊行した短編集『注文の多い料理店』。今でこそ広く知られた作品ですが、生前はあまり売れなかったそうです。そこにはさまざまな理由がありますが、大きな理由として挙げられる「売れないのも当然」な理由とは何でしょう？

ヒント① 当時から内容は面白いと評判だったようです

ヒント② 面白いのに売れない理由は？

ヒント③ もう少し「勉強」してくれたら売れたのに……

136　兵隊

日露戦争の頃は、割り勘のことを「兵隊勘定」と呼びました。「明日死ぬかもしれないので貸し借りはなしにする」というのが由来だそうです。日露戦争に動員された兵士は100万人以上、そのうち病気も含めた死傷者数は37万人にも及ぶとか。いやはや、戦地で相当な激戦が繰り広げられるなか、このような刹那的な流行語が生まれたのでしょう。

137　メチャクチャ高価だったから

『注文の多い料理店』が出版された1924年は、コーヒー1杯10銭、映画の料金が30銭という時代です。
そんななか発売された『注文の多い料理店』の定価は1円60銭。
現在の物価でコーヒーが200円とすれば3200円、映画が1800円ならば9600円に相当します。
いずれにせよ、一介の新人童話作家の作品として攻めすぎた値段だったようです。

138 日本三大奇書の一つといわれる、夢野久作の『ドグラ・マグラ』。読むと気が狂うといわれるほど難解な文章が特徴的ですが、「ドグラ・マグラ」というタイトルも読む者に不思議な印象を与えます。このタイトルは戦前に起きたある歴史的な出来事に由来するという説がありますが、それは何でしょう？

ヒント①　1923年（大正12年）の出来事です

ヒント②　ドグラマグラは「ドギマギ」と？？？？の合成語といわれています

ヒント③　9月1日に避難訓練をした経験がある方も多いのでは？

139 平安時代の辞書『和名類聚抄（わみょうるいじゅしょう）』に載る「古々呂布止」とは、現在の何という食べ物でしょう？

ヒント①　読み方は「こころふと」

ヒント②　現在は別の漢字2文字で表記され、また読み方も異なります

ヒント③　「こころ」と「ふと」を漢字にすると？

外来語のようでもありオノマトペ（擬声語）のようでもある
「ドグラ・マグラ」というタイトル。作中では長崎地方のキ
リシタンが用いていた方言と説明されていますが、詳細の説
明はありません。一説には、関東大震災を示す「グラグラ」
と驚き慌てるさまを表す「ドギマギ」の合成語ではないかと
いわれています。

難読漢字クイズでよく見かける心太(ところてん)。先に「と
ころてん」という食べ物があって、後から心太という字をあ
てた……と思いきや、実は逆なのです。ところてんはもとも
とは「こころふと・こころぶと」と呼ばれていました。この
「こころふと」に意味とは無関係に読みだけで漢字をあてて
「心太」と書くようになり、読み方が変化して現在では「と
ころてん」と呼ぶようです。

140 次の文字列を並び替えて、教科書に載っている日本人の名前にしてください。ただし、使わない文字が2文字混じっています。

き ん い い し と ま そ う ざ

141 A、B、Cに共通する1字ずつを入れると、広辞苑に載る2つの言葉になります。A、B、Cはそれぞれ何でしょう？

い A B C る

ま A B C ど

Q

　しまざきとうそん

「い」と「い」は使いません。
使わない文字があるだけで、ただのアナグラム問題よりもかなり難しく感じたのではないでしょうか？

141　一 め 一

「いーめーる」と「まーめーど」となります。
本書に収録した問題は知り合いのクイズ好きやオンラインサロンのメンバーに出題して、どれくらいの正答率なのかをざっくり調べています。
本書の問題の中でも特に正答率が低かったのが、実はこの問題です。
もしアナタが30秒以内に正解できたなら、デタラメに頭の回転が速いと言えるでしょう！

142 南米のペルーでは、血液型占いが絶対に流行らないといわれています。
もちろん、宗教的な要因もあるのですが、それ以外に決定的な理由が一つあります。
なぜでしょう？

ヒント①　そもそも血液型占いは日本でしか流行っていません

ヒント②　なぜ日本では血液型占いが流行るのでしょう？

ヒント③　もし同じ血液型しかいなかったら……

143 次の動物の胃の数を合計するといくつになるでしょう？

ウシ・鯉・イルカ

ヒント①　牛の胃の数は知ってる人も多いかな？

ヒント②　魚に胃はあるのかな？

ヒント③　イルカも牛と同じ哺乳類です

Q

142 血液型が大きく偏っている

中南米の一部地域では、住人全員がO型というケースが珍しくありません。

そもそもアメリカ大陸の先住民はO型の割合が極めて高く、逆にB型やAB型は非常に少ないのです。

なので血液型占いなんて、成立しようがないのです。

もしアナタがメディア関係者で、南米のテレビ番組で血液型占いのコーナーを担当することになったなら、とりあえずO型を1位にしとけば丸く収まりそうです。

143 8（4+0+4）

コイをはじめとした魚の仲間には、胃を持たないものが珍しくありません。食べた物をすぐに消化して排泄してしまうのです。

この種の魚で最も有名なのは、サンマでしょう。サンマのわたが他の魚（有胃魚のアジ。タイ、ホッケなど）に比べて苦味が少ないのは、胃がない無胃魚だからなのです。

144 東京都台東区の鷲神社では、あるスポーツ
に関するお守りが売られています。このス
ポーツを愛好する人々なら誰もが夢見ることがらにちなんだお守りなのですが、いったいどんなお守りでしょう？

ヒント①　このスポーツをプレイするなら、一生
　　　　　に1度は達成してみたいことです

ヒント②　「鷲」神社という名前に大きく関係が
　　　　　あります

ヒント③　若者や女性の愛好者も増えましたが、
　　　　　やはり紳士のスポーツのイメージが強
　　　　　いです

145 「半殺し」「みな殺し」といえば、どんな食
べ物でしょう？

ヒント①　キングカズこと三浦知良さんの大好物
　　　　　です

ヒント②　材料を潰して作ることから「殺し」と
　　　　　いう名前が付きました

ヒント③　漢字ではある植物を用いて「御○」と
　　　　　書きます

イーグルお守り（ゴルフのお守り）

ゴルフで規定打数より2打少なく**ホールアウト**することを
「**イーグル**」と呼び、その確率はホールインワンと同等とい
われます。
鷲神社の「鷲」は英語でイーグル。この名にあやかって参拝
するゴルファーが多かったことから、**ゴルフに関するお守り**
を作ったそうです。

おはぎ

徳島県那賀町をはじめとした全国の各地で、もち米を半分潰
したおはぎを「**半殺し**」、しっかり全部潰したものを「**みな
殺し**」と呼びます。徳島県でおはぎを食べる際は、ご注意を。

1916年アメリカのテネシー州にて、サーカスの調教師ウォルターを殺した罪で20代のメアリは死刑に処されました。この時の処刑方法は当時一般的だった電気椅子ではなく、群衆の集まる屋外で、しかもクレーン車を用いた絞首刑でした。なぜこのような処刑方法が選ばれたのでしょう？

ヒント①　電気椅子以外の処刑方法として銃殺も試みたようですが、失敗しました

ヒント②　わざわざクレーン車を使って吊るした理由とは何でしょう？

ヒント③　殺されたのはサーカスの調教師！

音の10倍ほどの速さで移動しているにもかかわらず、動いていないといわれるものは何でしょう？

ヒント①　我々の頭の上にあります

ヒント②　動いていない、つまり静止しているもの

ヒント③　宇宙空間にあるものです

146　処刑されたのが象だったから

1916年9月13日。メスのアジアゾウのメアリは、象の調教師ウォルターを殺した罪で絞首刑に処されました。当初は銃殺が試みられましたが、猟銃の弾丸では体重5トンのメアリには致命傷を与えられず、苦肉の策としてクレーン車による絞首刑が選ばれました。

147　静止衛星

常に上空の一点に停止している静止衛星ですが、停止して見えるということは、地球の自転と釣り合う速度で移動しているということです。
その速度は時速10,800km、上空の方が気温は低く音速は遅くなるので、時速10,800kmは音速の10倍ほどに相当します。

1189年、源頼朝は鎌倉に永福寺(ようふくじ)という寺を建立しました。この寺のお堂は当時としては珍しい特徴を持ち、その特徴がとある名字の由来となっています。この寺の特徴に由来する漢字3文字の名字は何でしょう？

ヒント①　鎌倉時代の寺は平屋の一階建てが一般的でした

ヒント②　永福寺は二階建てだったといわれています

ヒント③　二階建てにまつわる、漢字3文字の名字といえば？

何のランキングでしょう？

1位　モンゴル(57)
2位　アメリカ合衆国(31)
3位　ブラジル(16)

ヒント①　ブラジルが3位なのは意外かもしれません

ヒント②　あるスポーツ選手の数です

ヒント③　モンゴルが1位のものといえば？

ノンジャンルクイズ

Q

鎌倉時代当時、関東地方で寺院といえば平屋建てが一般的でした。そんななかで頼朝が建設を命じた永福寺の大きな二階建てのお堂は衆目を集めました。その後、永福寺がある一帯の地名が二階堂となり、その地を治めた武将がそのまま二階堂の姓を名乗るようになったのです。

149　戦後の外国人力士が多い国

横綱を輩出しているモンゴルやアメリカが上位なのはイメージしやすいかと思いますが、日系人が最も多い国であるブラジルは大相撲力士が3番目に多い国となっています。数字は、日本相撲協会2016年8月発表のものです。

写真の人物はアラン・マキルレイスという
イギリス人です。彼はコールセンター職員
でしたが、イギリス陸軍大尉として多くの
戦闘で多大な功績をあげた英雄だと経歴を
詐称しました。アラン・マキルレイスはど
のようにして、自身の嘘の経歴を多くの
人々に信じ込ませたのでしょう？

ヒント①　現代風な詐称の方法です。30年前なら
　　　　　考えられません

ヒント②　知らない人を調べる時、皆さんならど
　　　　　うしますか？

ヒント③　嘘や間違ったプロフィールが書いて
　　　　　あってもバレないところといえば？

非常に今風な騙し方です。Wikipediaに書かれていた「暴漢から女性を救った」という記事を見た慈善団体がマキルレイスを公的な式典のゲストに招いたこともあったそうです。

当然ですが経歴詐称はすぐにばれて、マキルレイスは勤めていたコールセンターも解雇されてしまいます。その後マキルレイスは手品師に転身し、著名なプロマジシャンの親友を騙ります。かと思うと、数年後には慈善活動に精を出す大富豪を自称。懲りない男です。

151 **何のランキングでしょう？**

1位　田
2位　野
3位　山
4位　川
5位　大

ヒント①　皆さんのすぐそばにあるものです

ヒント②　2020年現在で、日本には全部で792も
　　　　あります

ヒント③　その中で多い順のランキングです

152 **カッコに入るカタカナは何でしょう？**

ジワトジセルエ（　）

ヒント①　2文字ずつに分けてみましょう

ヒント②　ジ（　　）・ワ（　　）
　　　　ト（　　）・ジ（　　）
　　　　セ（　　）・ル（　　）
　　　　エ（　　）・？（　　）

ヒント③　ずばり、アメリカの大統領です

151 日本の市の名前に使われている漢字

これらの漢字が使われている市が、皆さんの都道府県にもあるのではないでしょうか?

市町村の名前の雑学では、名前に「市」が付く市（市川市など）、名前に「町」が付く町（佐賀県の大町町など）はありますが、名前に「村」が付く村は存在しません。

152 リ

アメリカ・サウスダコタ州にあるラシュモア山に彫刻されたアメリカ大統領の名前です。向かって左からジョージ・ワシントン、トーマス・ジェファーソン、セオドア・ルーズベルト、エイブラハム・リンカーンとなります。彫刻家のガットスン・ボーグラムらによって、非常に硬い岩石に14年の歳月をかけて刻まれたこの彫像は、理論上は1万年経っても風化しないといわれています。

この熟語が文字通り表すものは何でしょう？

相呂

ヒント①　一番多かった間違いは「混浴風呂」

ヒント②　「相」は「相互・お互いの」という意味

ヒント③　「呂」の字を分解すると口が2つありますね

初代内閣総理大臣の伊藤博文。彼が1863年2月10日に行ったとされる、あまり感心しないことは何でしょう？

ヒント①　感心しないというか、決して許されることではありません

ヒント②　初代総理大臣が、まさかこんなことをするとは……

ヒント③　伊藤博文は数十年後にこれで命を落としています

153 キス

互いの口と口をつなげる。読んで字のごとくならぬ「書いて字のごとく」の言葉です。

154 暗殺

塙 保己一の息子で国学者の塙忠宝を暗殺したとされます。本人の口から公の場で語られたことはありませんが、多くの証言からかなり可能性の高い事実と考えられています。ちなみに、2代目総理大臣の黒田清隆も「酔って妻を撲殺した」という噂がありました。

155 「ハイテンションな１日」「気持ちがハイな１日」に由来するチェーン店はどこでしょう？

ヒント①　非常にリーズナブル。アタシもお世話になってます

ヒント②　漢字3文字のチェーン店です

ヒント③　キャッチコピーは熱烈中華食堂

156 連想されるカタカナ３文字は何でしょう？

コンセントの右穴

盗難車

犯罪率や汚染濃度が高い地域

ヒント①　コンセントは左右で穴の大きさが違います。右の方が小さい穴です

ヒント②　英語のスラングで盗難車を？？？カーと表現します

ヒント③　？？？スポット

Q

いわれて納得のネーミング。ちなみに日高屋を経営する企業は「ハイデイ日高」。ハイ（high）デイ（day）＝日高。
ファーストサマーウイカ（初夏）さんと同じ発想ですね。

156　ホット

コンセントの２つの穴のうち、左側の縦に長い穴をコールド、右側の短い穴を**ホット**と呼びます。
これは右の穴から電気が来て、左の穴から電気が帰っていくからです。
また、盗難車を意味する英語のスラングにHot carがあります。
３つ目の「犯罪率や汚染濃度が高い地域」はそのまま、Hot spotのことです。

1919年（大正8年）に児童雑誌『赤い鳥』に掲載された童謡『かなりや』は、それまでの童謡とは大きく異なる点があり、日本中で大流行しました。この「大きく異なる点」とは何でしょう？

ヒント①　今では当たり前のことです。当たり前すぎて思いつかないかも？

ヒント②　むしろ、当時の童謡はこれがなかったのか？ と驚きます

ヒント③　みんなで歌を歌うときに必要なものは歌詞と何でしょう？

Campusノートを製造するコクヨは、中国ではCampusノートの他にも良く似たデザインのGambolノートという商品も販売しています。なぜでしょう？

ヒント①　Gambolという言葉に意味はないようです

ヒント②　Gambolノートは、元々中国の別のメーカーが作っていました

ヒント③　見た目も中身もほとんど同じ。まるでどちらかがマネしたかのよう……

ノンジャンルクイズ

Q

歌詞と一緒にメロディも記載された

今では信じがたい話ですが、大正時代に発表された多くの童謡は詩のみが記載され、メロディ(旋律)が付けられていなかったのです。これは、『赤い鳥』の創刊者である鈴木三重吉が童謡を文学として捉え、特定のメロディにのせて歌うことを想定していなかったからです。そんななかで発表された西條八十作詞・成田為三作曲の『かなりや』は大きな反響を呼び、日本全国で子供たちが同じ歌を歌う、という現象が起こったのです。

A

158 もともとコピー商品だったが、人気があったので丸ごと買い取った

Campusノートという名前は、いうまでもなく大学ノートに由来します。1975年に発売されて以降、大学ノートの代名詞として長く学生たちに愛用されています。さて、中国で売られているGambolノート。これはもともと現地のメーカーが無許可で製造販売していたコピー商品でしたが、皮肉にもGambolノートは中国ではかなり大きなシェアを持っていました。そこでコピー商品を根絶するのではなく、メーカーから権利を丸ごと買い取り自社商品として販売することにしたのです。一からブランドを構築する手間を省き、かつコピー商品も減らす見事な一手です。

アルゼンチンのブエノスアイレスに本拠地を置く名門サッカークラブ「ボカ・ジュニアーズ」。このチームのユニフォームの色は、スウェーデンの国旗に由来する青と黄色です。一見するとあまり関係のなさそうなスウェーデンとアルゼンチンのサッカーチーム。なぜスウェーデンの国旗の色を採用したのでしょう？

ヒント①　チームにスウェーデン人や関係者がいたわけではありません

ヒント②　アルゼンチンとスウェーデンの国交にも関係ありません

ヒント③　極端な話、日の丸を参考にする可能性もありました！

世界初の捕手での三冠王、通算本塁打数2位、通算安打数2位などなど、その功績は枚挙にいとまがない野村克也さん。かつて野村克也氏が雨天による没収試合を防ぐために起こした、野球史上唯一の事件とは何でしょう？

ヒント①　今では絶対に不可能な大事件です。きっと捕まります

ヒント②　大雨でグラウンドに大きな水溜まりができてしまいました

ヒント③　水溜まりを一瞬で消す方法は？

たまたま目にした旗がスウェーデンのものだった

1906年、当時のチーム・ユニフォームは白と黒の縞模様でした。しかしブエノスアイレスの他のサッカーチームとユニフォームがそっくりなことが判明。両チームは「試合に負けたチームがユニフォームを変更する」と約束し、残念ながらボカ・ジュニアーズは負けてしまいました。その後、港湾労働者であったクラブの会長が「明日の朝、最初に港にやってきた船の旗の色をユニフォームに採用する」と決め、翌朝やってきたスウェーデン船籍の船にちなみ、青と黄色のユニフォームが誕生したのです。

160　グラウンドに火を点ける

1963年、かつて存在した大阪スタヂアムで起きた事件です。当日は豪雨により2時間以上試合が中断されていました。このまま中断が続けば没収試合になってしまいます。しかし野村克也氏は当時本塁打の日本記録を狙っており、この試合でもすでに1本のホームランを放っていました。雨は止んだものの、グラウンドには大きな水溜まりが残る。これを処理しないことには試合は再開できない。没収試合になれば今日打った本塁打も無効。どうしたものか？　ここで不世出の天才・野村克也氏、凡人には及ばぬ奇策を思いつきます。グラウンドにガソリンを撒いて火を点け、水溜まりを見事蒸発させたのです（もちろん、没収試合を避けたい球団からの指示もありました）。このような行為は消防法に違反する立派な犯罪です。念のため。

A

発見された小惑星には小惑星番号という数字が割り振られています。そして、小惑星番号１であればケレス、小惑星番号1085はアマリリス、小惑星番号21526はミラノといった具合に名前が付けられており、その由来はさまざまです。さて、小惑星番号8883には日本の有名なクリエイターの名前が付けられています。その人物の渾名（あだな）が由来なのですが、いったい誰でしょう？

ヒント①　888は「8が3つ」、つまり「みや」

ヒント②　最後の3はそのまま「さん」

ヒント③　日本を代表する「監督」です

竹は昔から百年に一度花を咲かせるといわれています。しかも竹林一帯の竹が一斉に花を咲かせ、その花を咲かせた竹が一斉に枯れてしまいます。
なぜこのような現象が起きるのでしょう？

ヒント①　数百本の植物全てが100年の周期を揃えるなんて不可能なはず

ヒント②　別々の竹ではなく、繋がった一つの竹ならば可能

ヒント③　どこで繋がっているのか？

Q

161 　宮崎駿

888で「8が3つ＝みや」、これに「さん」を点けて「みやさん」。発見者の小林隆男さんが宮崎駿監督の愛称にちなんで小惑星番号8883をMiyazakihayaoと名付けました。小林さんは他にも小惑星番号10160に「トトロ」と名付けるほどのジブリファンだそうです。そんな小林さんは、驚くなかれこれまでに2000個以上の小惑星を発見しています。これはもちろん日本一の記録。ちなみに個人での小惑星発見数世界一は、ベルギーの天文学者エリック・エルスト。これまでに発見した数はなんと3800個以上だそうです。

162 　地下で繋がっているから

竹は地下茎という地面を水平方向に成長する茎を持っています。横に伸びた茎の途中から垂直方向に別の茎が伸び、地面を突き破り、私たちが目にする竹となります。
つまり竹林の竹は、繋がった一つの固体ということになります。
ただし近年の研究では、地下茎を切断しても同時に花を咲かせることがあるといいます。
この辺りは未だ研究段階ですが、遺伝子レベルで開花時期が決まっているのではないかという説もあります。

下図は、ある２つの隣接する都道府県のシルエットです。
この都道府県は、どことどこでしょう？
ただし県境は省略してあり、上が北とも限りません。

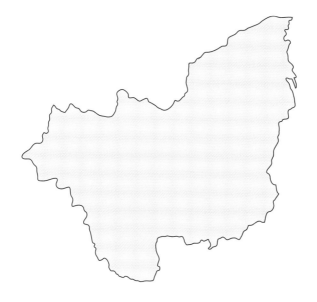

ひらめき問題。何と読むでしょう？

罟誢

何という四字熟語でしょう？
ただし、全ての漢字は２画目までしか書か
れていません。

冂十 冂丿

ノンジャンルクイズ

Q

164 かんし

冠詞、漢詩、監視が合わさっています。

罳詤

冠詞
漢詩
監視

165 呉越同舟

呉越同舟

166 次の数列が表す、皆さんの身の回りにある
ものは何でしょう？

$$1 > 2 = 3 > 4 > 5$$

$$1 = 2 = 3 = 4 = 5$$

167 2019年11月11日。長野県飯田市にある飯
田風越郵便局に、貯金を希望する人々が
150人ほど集合し行列となりました。貯金
することで何か賞品が貰えるわけでもない
のに、なぜこのような出来事が起こったの
でしょう？

ヒント1　1999年11月11日にも同様に沢山の人
　　　　が集まりました

ヒント2　2019年を別の表記に変えると？

ヒント3　それぞれの郵便局には取扱店番号とい
　　　　うのがあります

166　乾電池

数字は乾電池の種類（単1・単2・単3……）を表しています。
上の数列は、乾電池の長さ。単2電池と単3電池は太さが異
なりますが長さは同じです。
そして下の数列は、乾電池の電圧。全ての乾電池は公称電圧
が1.5Vに統一されています（一部の充電池は1.2V）。

167　取扱店番号11111の郵便局に11111円を貯金して、令和1年11月11日の1並びの記帳をするため

郵便局には取扱店番号というものがあります。00001番なら
ば東京都中野区の中野サンクォーレ内郵便局、12345番は新
潟県上越市の菖蒲郵便局といった具合に、全ての郵便局に5
桁の数字が割り振られているのです。

ゆうちょ銀行の通帳には貯金した年月日、取扱店番号、金額
が記載され、この時の年月日は西暦ではなく和暦で印字され
ます。

2019年11月11日は、令和1年11月11日。この日に取扱店番
号11111の飯田風越郵便局で11111円などの1のゾロ目の金
額を貯金すると、通帳には見事に1並びの印字がされるとい
うわけです。

同様のケースが平成元年11月11日にも起こりました。

ちなみに、次回のゾロ目である令和11年11月11日は残念な
がら日曜日。飯田風越郵便局は日曜休業なので貯金は難しそ
うです。

早押しクイズ
33問!

問題も赤シートで隠しながら進めてください。答えは問題のすぐ下にあるよ。冒頭の言葉で正解したら、アナタはクイズ王!

ここで出題する早押しクイズは、アタクシが実際にいろんな場面で出題したものです。その中で最も早く解答した人がボタンを押したところまでを黒字で印刷し、残りの問題文を赤字にしています。つまり赤シートで問題文を隠せば、クイズ王たちと疑似的に早押し勝負ができる仕組みになっています。
ほんの数文字を聞いただけでボタンを押している問題が何問もあります。マジでエゲツナイです。1問でも正解できたら、クイズ王の素質が十二分にあります。

168 その全文は17条からなる、金地院崇伝が徳川家康の命により起草した天皇や公家の行動を制約した法律は何でしょう？

答え：禁中並公家諸法度

17条と聞けば聖徳太子が制定した十七条憲法が真っ先に思い浮かびますが、そんなに単純な問題は早押しクイズでは出題されません。

十七条憲法以外で全文が17条のもの、かつ比較的有名な法律は禁中並公家諸法度ぐらいでしょう。ですが世の中を探せば全17条の法律・条約などたくさんあるはず。ニュースで話題となるような法律が制定された時は、その条文数もチェックしておきましょう。

---

169 蚕、羊、牛を数える際に、共通して用いる単位は何でしょう？

答え：頭（とう）

羊や牛は想像しやすいと思いますが、実は蚕も1頭、2頭と数えます。これは絹糸が取れる蚕を家畜として扱っていた名残りといわれています。

170 「流星の落下地点には犬（狗）に似た動物がいる」という中国の伝承がその名の由来ともされる、山伏の格好に赤く染まった顔、そして長い鼻が特徴の魔物といえば何でしょう？

答え：天狗

天狗の由来にはさまざまなものがあります。「流星そのものを天狗と呼んだ」「火球が大気圏で爆発した時の音を犬の鳴き声に見立てた」「雷鳴を妖怪の声とみなした」などなど。いずれにせよ中国が発祥の怪物・妖怪であり、仏教と共に日本に伝来したと考えられています。

テングと名の付く動植物は数多く存在します。有名なテングザルやテングタケ、テングコウモリにテングザメなどなど。変わったところでは、長野県小諸市の天然記念物「テングノムギメシ」。一見するとただの土なのですが実は特殊な微生物の塊であり、しばしば「食べられる土」と紹介されます。天然記念物なので無許可での採取は禁止され、食べるなんてもってのほか。幸い小諸市以外にも分布し、他の地域では天然記念物に指定されていないので食事が不可能なわけではありません。が、残念ながらあまり美味しくはないようです。

早押しクイズ

Q
A

171 実際の直径はそれぞれ約3474kmと25cm前後である、比較にならないほどの大差を2種類の丸いものにたとえたことわざは何でしょう？

答え：月とすっぽん

「実際の直径＝丸いもの」「それぞれ＝複数ある」と推測できるかが鍵です。また「月の直径＝約3474km」を知識として覚えているかも重要です。この問題を解答された方は、太陽系の主な天体の直径を覚えてらっしゃいました。いやはや、一朝一夕でマネできる芸当ではありませんね。

---

172 かつてはギリシャの国旗の青色の部分を赤にしたようなデザインの旗を使用していた、1600年にアジア貿易を目的にロンドンで設立された会社組織は何でしょう？

答え：イギリス東インド会社

さすがに東インド会社の旗まで知ってらっしゃる方は少ないでしょう。そうなると早押しの鍵となるのは「1600年」という年号です。1600年の有名な出来事といえば関ヶ原の戦い、イギリス東インド会社の設立あたりでしょう。

173 赤血球の直径よりも細い個所もある、動脈と静脈を繋ぐ非常に微細な血管を何というでしょう？

答え：毛細血管

問題文冒頭で「赤血球の直径」と比較しています。「なぜ赤血球と比べる必要があるのか？」を考えることが大切です。ちなみに、赤血球は簡単に変形しまた元に戻るので、自身よりも細い血管を容易に通過します。

174 飛車の前の歩を落とす将棋の変則ルールのことを、将棋好きであったものの下手だった戦国武将にちなみ何というでしょう？

答え：太閤将棋

将棋が下手だった**豊臣秀吉**が考案したとされる、「飛車の前の歩がないことで、先手は1手目で竜王に成りかつ歩を1枚取れる」という超接待ルールです。クイズにおいて将棋や囲碁の問題はやたら出題されます。また将棋・囲碁に由来する慣用句やことわざも無数に存在します。

クイズに強い方の中には将棋を全くささないのに「永世名人の名前は全員言える」という人も多いです。マジでたまげた記憶力です。

早押しクイズ

Q

A

175 「人生で最も影響を受けた本は何ですか？」という質問に「貯金通帳」と答えたエピソードも有名な、『ピグマリオン』などの作品で知られるアイルランドの作家は誰でしょう？

答え：ジョージ・バーナード・ショー

1925年にノーベル文学賞を受賞しているバーナード・ショーは、こういったシニカルな逸話・名言でつとに有名です。『結婚をしばしば宝くじにたとえるが、それは誤りだ。宝くじならば当たることもあるのだから』『格言に感心してはいけない。実践できていない証拠なのだから』などなど、現実を突きつけるのが非常に上手い大作家です。

---

176 2024年には上演回数が3万回を超える見込みである、世界で最も長く連続上演されているアガサ・クリスティの戯曲は何でしょう？

答え：マウストラップ（ネズミ捕り）

クイズといえば「世界一の○○」が出題されるのがお約束です。ギネスブックをはじめ、あらゆる世界記録をチェックしまくるのがクイズ好きたちの日常。一つでも多く世界記録を覚えるのに人生をかける人々がいるのです。そのうち「世界で一番『世界一』に詳しい人」がギネス認定される時代になるのかもしれません。

早押しクイズ

Q
A

177 人体を構成する筋肉で、体積が最大なのは大殿筋ですが、面積が最大なのはどの筋肉でしょう？

答え：広背筋

早押しクイズではお馴染みの「〜ですが」問題です。「ですが」の後には、前半と対になる言葉が続く、というのがクイズ界の暗黙のルールです。では「最も体積が大きい」の対は何になるでしょうか？「最も体積が小さい」か「最も面積が大きい」あたりでしょう。ちなみに、大腿四頭筋が最も大きい筋肉だという考え方もありますが四つの筋肉の総称なので、この問題では単一として最大の大臀筋を選びました。面積に関しては広背筋で変わりません。ちなみに、最も体積が小さい筋肉は、耳の中にあるアブミ骨筋だといわれています。

178 20時間以上眠る、ペニスがＹ字型に枝分かれしているなど特異な生態を持つ、オーストラリア東部に生息する有袋類は何でしょう？

答え：コアラ

「長く眠る＝ナマケモノ」と早合点してはいけません。睡眠時間が長い動物は数えきれないほどいるからです。「ペニスがＹ字に枝分かれしている」という特徴はコアラやフクロモモンガなどの有袋類に見られます。

早押しクイズ

Q
A

香港で現地法人の会社登記をした際に「C」ではなく「Q」と書き間違えられたことから現在の社名になった、山口県山口市佐山に登記上の本店を置く日本の衣料品メーカーは何でしょう？

答え：ユニクロ（UNIQLO）

社名・商品名の由来はクイズに超頻出です。
・創業者の石橋さん→ストーンブリッジ→ブリヂストン
・電話帳で調べると50音で最初の方にくる→アート引越センター
・Do Communications Over The Mobile Network→ドコモ
などがメジャーどころでしょうか。
変化球なものでは、アイスクリームのハーゲンダッツ。酪農が盛んなデンマーク風な響きだけで作られた、特に意味のない言葉です。

180 太陽系の惑星の中で昼と夜の寒暖差が最も激しい、中国語で辰星、英語でMercuryと呼ばれる天体は何でしょう？

答え：水星

問題文冒頭の「太陽系の惑星の中で」で、候補は8つに絞られます（水星、金星、地球、火星、木星、土星、天王星、海王星）。そして「昼と夜」を比べていることから「寒暖差」を推測できるかどうかです（もちろん、100人中97人くらいは推測できないでしょう。ですが恐ろしいことに、推測してくる人々がいるのです。勘弁してほしいもんです）。
水星は太陽に最も近い惑星だけあって表面温度は最高400℃。しかし太陽が当たっていない夜間の温度は−160℃ほど。その寒暖差は600℃近くになります。

---

181 2001年にはピザハットによって宅配ピザが届けられている、アメリカ、ロシア、日本などが共同運用する英語での略称をISSという施設は何でしょう？

答え：国際宇宙ステーション

「ピザハットがISSにピザを宅配した」だなんて、絶対に覚えておきたい雑学ですし、絶対人に話したい知識ですよね。「人に話したくなる雑学」のストック量は、そのままクイズの強さといっても過言ではありません。

182 日本刀、現金、在来線、本みりんなどのように、新たに登場した物事と区別するために、元から存在した物事に改めて名前を付けることを何というでしょう?

答え：レトロニム

他にも白黒テレビ、固定電話、レッサーパンダ、パイプオルガン、実数、和歌……など挙げればきりがありません。日本刀と呼ばれるようになったのは幕末以降で、それまではシンプルに刀や太刀と呼ばれていました。

「〜ニム」という言葉はエポニム：人名由来の言葉。サンドイッチ、サクソフォーン、アキレス腱など。

アクロニム：頭文字を繋げて普通の単語のように発音する言葉。OPEC（オペック）、NATO（ナトー）など。

アプトロニム：職業や性格といったその人物の特徴と一致・関連した名前。パン屋さんの名字がベイカー、気象予報士の天達武史さん。

183 **1977年に推定226歳で亡くなった「花子」はどんな生き物だったでしょう？**

答え：錦鯉

「推定226歳」だけで解答を導いてしまうのがクイズ王と呼ばれる人々です。花子は岐阜県加茂郡東白川村で、名古屋女子大学学長の越原公明さんに飼われていました。もちろんそれまでに複数の飼い主の手を経ているのですが、越原さんが年齢を調査した結果なんと1751年生まれと推測されたのです。ちなみに魚の年齢は鱗（うろこ）にできる年輪から推算します。

コイ以外で長寿の生物としてクイズによく登場するのが、ゾウガメ。150歳越えがザラにいます。人類の最長寿記録は120歳前後ですが、そのどれもが生年月日の正確さに欠けます。検証済みの歴代最高齢記録は、日本の木村次郎右衛門さんの116歳54日です。

184 **ブリタニカ百科事典では「その構造が複雑で、周囲より610m以上高い」と説明され、広辞苑では「谷と谷との間に挟まれた突起部」と説明されているものは何でしょう？**

答え：山

シンプルな事柄を説明するのは非常に難しく、その説明から逆算するのはもっと難しい。あくまでその事典・辞書での説明であって、610mより低い山はたくさんあります。有名なところでは「日本一低い山」といわれる仙台市の日和山（ひよりやま）。標高はわずか3mです。

185 マジックテープ誕生のヒントとなった、日本と韓国でのみ日常的に食されている根菜は何でしょう？

答え：ゴボウ

欧米人がゴボウを食べないことはよく知られています。では、ゴボウがマジックテープのヒントになったというのはご存じでしょうか？

スイス人のジョルジュ・デ・メストラルが愛犬を散歩させた際に、愛犬の毛に野生のゴボウの実がくっついているのを見てマジックテープの仕組みを思いついたそうです。ちなみにマジックテープはクラレ社の登録商標で、一般名称は「面ファスナー」です。

186 阿倍仲麻呂が日本人で唯一の合格者である、中国で清の時代まで行われていた高倍率の試験を一般に何というでしょう？

答え：科挙

6世紀末から1905年まで中国で行われていた、超絶バカムズの就職試験です。その合格率は2000倍とも3000倍ともいわれていました。

この問題に正解された方は、「日本人で唯一の合格」から「海外の試験」と推理されたようです。「阿倍仲麻呂が科挙に合格していた」という事実を知らなくても、卓越した推理と思い切った勇気があれば、早押しクイズは正解できることもあります。

187 両シチリア王国初代国王のフェルディナンド１世がパスタを上品に食べるために四つ股にした、日本語では「突き匙（さじ）」と呼ぶこともある食器は何でしょう？

> 答え：フォーク

両シチリア王国フェルディナンド１世の主な功績といえば、もう「フォークを四つ股にした」ぐらいしかないといっても過言ではありません！（末裔の方々、歴史好きの皆さん、ごめんなさい）
フェルディナンド１世のややこしいところは、同時に複数の王位に在位しながら微妙に違う名前を名乗っていた点です。シチリア王フェルディナンド３世であり、ナポリ王フェルディナンド４世でもあります。いずれにせよ、フェルディナンドとパスタが来たら答えはフォークです。

---

188 「理想の上司」をイメージしたパイプを咥（くわ）えた男性のロゴでお馴染みの、1992年よりサントリーフーズが販売している缶コーヒーブランドは何でしょう？

> 答え：BOSS

現在では缶コーヒー以外にも、ペットボトル入りの紅茶やエナジードリンクもラインナップされています。

177

189 怒りのあまり死ぬ、姫と結ばれ夫婦となる、鶴になって空の彼方に飛んでいく、白髪の老人になる等の結末が知られる日本のお伽噺は何でしょう？

答え：浦島太郎

浦島太郎に似た昔話は日本全国に残り、その発祥の地・ゆかりの地を名乗る地域も複数存在します。「浦島太郎が晩年を過ごした」という伝説が残る長野県木曽郡の「寝覚の床」などが有名でしょう。さまざまな結末が残る浦島太郎ですが、現在よく知られた「玉手箱を開けたら老人になってしまう」結末は明治期の国定国語教科書から広く知れ渡りました。

190 音読みをすると素晴らしい文学作品に、湯桶読みをすると素晴らしい音楽作品になる言葉は何でしょう？

答え：神曲（しんきょく、かみきょく）

『神曲（しんきょく）』といえば、イタリア文学最高傑作とも称されるダンテ・アリギエーリの叙事詩。ダンテ自身はただ単に『喜劇（Commedia）』というタイトルをつけたそうです。

191 明治5年に刊行された『西洋料理指南』では「ネギ1茎、しょうが半個、ニンニク少しをみじん切りにし、バター大さじ1杯で炒め、水を加え、アカガエル、鶏、エビ、鯛、牡蠣などを入れて煮込む」と説明されている料理は何でしょう？

答え：カレー

日本で最初にカレーに用いられた肉はカエルだったそうです。カレーをどこの国の料理とするかは、しばしば意見が分かれます。一般的にインド料理とされますが、現地のインド人はもともと「カレー」という料理名を使用しておらず、欧州でカレーが普及した結果逆輸入的に「カレー」の語が広まりました。現在日本で多く食される欧風カレーはイギリスの発祥。シチューを食べたかった船乗りたちが、船上では傷みやすい牛乳の代わりにカレーのスパイスを入れたのが始まりです。カレー粉もイギリスで発明されました。ちなみに、1ヵ月あたりのカレーの消費量が最も多い国は、バングラデシュ。インドのお隣です。ちなみに、カレーのルウを最も消費する、いわば日本一カレーが好きな都道府県は鳥取県です。

早押しクイズ

Q

A

192 1991年のOVA版『究極超人あ〜る』の舞台となった田切駅にはこれの発祥の碑が置かれている、アニメや漫画、文学作品などに縁のある場所を訪問することを宗教行為になぞらえて何というでしょう?

答え：聖地巡礼

『究極超人あ〜る』はゆうきまさみ先生原作の同名漫画のOVA作品です。この作品の舞台となった長野県のJR飯田線田切駅そばには「アニメ聖地巡礼発祥の地」と記された石碑が置かれています。

しかし『究極超人あ〜る』以前に「聖地巡礼」に類似した行為がなかったといいきれないため、石碑には作品名などは記載されていません。しかし、石碑裏に書かれた暗号を解くと作品名になるという小粋でハイブロウな仕掛けが施されています。

193 民間人として初めてペニシリンを投与された人物でもある、禁酒法下のシカゴで数々の組織犯罪を先導し「夜の帝王」「スカーフェイス」と呼ばれた犯罪者は誰でしょう?

答え：アル・カポネ

他にも「暗黒街の顔役」「Public enemy No.1」などさまざまな異名で恐れられました。しかし晩年は梅毒が進行し正常な判断力は失われました。ペニシリンも梅毒治療の一環で投与されましたが、病気が進行しすぎたカポネには効果がなかったそうです。

194 武家の奉公人が着ていた服の紋章に由来する、冷やした豆腐に薬味や調味料をかけた料理は何でしょう？

答え：冷や奴

武家奉公人は「釘抜紋」という大きな四角形がデザインされたはんてんを着用していました。この紋章の形から転じて、食材を四角く切ることを「奴に切る」と表現するようになり、冷たい豆腐を切ったものを「冷や奴」と呼ぶようになりました。

---

195 現在はネットショッピングのアフィリエイトを利用したものもある、商品の包装に付けられたマークの点数に応じて学校の設備品の購入や僻地(へきち)の学校の援助を行う運動を何というでしょう？

答え：ベルマーク運動

小学校でPTAの皆さんが集めてくださるベルマークですが、最近では通販サイトで購入した際に自動で寄付される仕組みもあります。
包装からマークを切り取るなどの面倒な作業も必要ありません。これは、かねてより指摘されていた「回収作業に要する労働力と募金される金額を比較すると非効率的」という批判にこたえる形で導入されました。

早押しクイズ

Q

A

196 大豆やチョコレートを食べると肌が荒れる人はこれの可能性がある、食物や装身具に含まれるニッケル、クロム、銅などの金属イオンに起因する皮膚炎を一般に何というでしょう？

答え：金属アレルギー

金属アレルギーといえば「金属に触れると肌がかぶれる」と考えられがちですが、金属がアレルギーの直接の原因（アレルゲン）ではありません。実際は汗や唾液で金属から溶け出した金属イオンが人の持つタンパク質と結合しアレルゲンとなり、結果として皮膚のかぶれなどが起こります。金やチタンで金属アレルギーが起こりにくいのは、これらの金属が安定していて金属イオンになりにくいからです。

大豆やチョコレートにはニッケルが多く含まれています。これらの食品を摂取すると酷い肌荒れが起こる方は、金属アレルギーの可能性があります。もちろんあくまで可能性があるだけで、素人判断は危険。一度お医者さんで検査することをお勧めします。

早押しクイズ

Q
A

197 **自身が金網の上で火あぶりに処された際に「こちらの面は焼けたから、そろそろひっくり返した方がいい」と軽口を返したという伝説から「コメディアンの神様」と崇められるキリスト教の聖人は誰でしょう？**

答え：ローマのラウレンティウス
　　　（セント・ローレンス）

ローマのラウレンティウスは、3世紀にローマ教皇の執事として活躍した人物。当時のローマ帝国でキリスト教が禁教だったことからラウレンティウスは捕らえられ、火刑に処された際に前述の言葉を残したといわれています。同種のエピソードとして有名なのはやはり、織田信長軍に焼き討ちされた甲州の恵林寺の住職・快川紹喜が残した言葉「心頭滅却すれば火もまた涼し」でしょう。
どちらの名言も、己の死を前に容易くマネできるものではありません。
ちなみにラウレンティウスは、カナダのセントローレンス川の名前の由来にもなっています。

198 その名に反して実質４種類の競技で構成される、フェンシングランキングラウンド、水泳、フェンシングボーナスラウンド、馬術、レーザーランの５種目を１日で行うオリンピック競技は何でしょう？

答え：近代五種競技

第５回ストックホルムオリンピックから採用されている伝統のスポーツ、近代五種競技。ナポレオン戦争時のフランス将校が馬で走り、敵を倒し、川を泳ぎ、丘を駆け抜け自軍の勝利を報告したという逸話を基に、馬術・射撃・フェンシング・水泳・クロスカントリーを１人でこなす過酷な種目です。現在行われている種目は前述の５種目です。この内、フェンシングの2つは同じエペ種目。ですから実質４種類の競技の優劣を競う種目となっています。これは競技時間短縮のために、射撃とクロスカントリーを合体させレーザーランという１つの種目にしたからです。射撃と800ｍの未整地ランニ

ングを交互に４回繰り返すという、一見奇妙な種目ですがその過酷さは半端なものではありません。
他に「その名に反して」から始まるクイズには「その名に反して46枚からなる……」→富嶽三十六景　というのも考えられます。葛飾北斎の浮世絵連作で、パスポートや新千円紙幣に描かれる神奈川沖浪裏が特に有名ですが、全部

早押しクイズ

Q
A

で46図あります。3月20日から6月22日までの94日間を指す「ナポレオンの百日天下」や実際は13日ほどあった「明智光秀の三日天下」、最大で1678の町があった「江戸八百八町」などその名に反するものは非常にクイズにしやすいのです。これとは逆に「当時の単位に換算すれば、ほぼ名前どおり」なのは千葉県の九十九里浜です。九十九里浜の名付け親は源頼朝だとされていますが、中世の1里はおよそ655mでした。つまり99里＝約64km。そして九十九里浜の長さはおよそ66km。ほぼ看板に偽りなし。

フェルメールの『真珠の耳飾りの少女』に代表される、特定のモデルが存在しない想像上の人物画をオランダで顔を意味する言葉を用いて何というでしょう?

答え：トロニー

この問題は前提として「真珠の首飾りの少女にはモデルが存在しない」という知識をあらかじめ持っていなければ答えられません（そもそも「モデルが存在しない」という知識がウンチクとして十分に面白いです）。その上で「肖像画ではなく特定のモデルがいない人物画」を表す言葉も知っている。この問題に答えられる方は、かなり分厚い知識の持ち主だとお見受けします。というのも「トロニー」という言葉が広辞苑などの中型辞書やWikipedia日本語版には記載されていない言葉だからです。自分から能動的に知識を仕入れにいかないと、まず巡り合わない言葉だと思います。

白玉のようにモチモチ食感の団子が８つ、数珠のように連なった形をした、ミスタードーナツで販売されているドーナツの一種は何でしょう？

答え：ポン・デ・リング

森羅万象、この世に存在するものすべてがクイズになります。この本をお読みの方の中でポン・デ・リングを知らない方は少ないでしょう。

当たり前に存在するものを、改めて説明するだけで、それはもう立派なクイズになりえます。壁紙、サインペン、フローリング、爪切り、窓ガラス……この文章を書きながらアタシの視界に映ったものです。

こんな日常にあふれるモノを、一から調べ直してみてください。では、問題です。

もともとは、ぺんてるの登録商標であったが現在では一般名詞化している、柔らかい書き味が特徴の水性インク・フェルトペンは何でしょう？

答えは、サインペン。

あなたは、どこで答えがわかりましたか？

目に見えたもので、まずは１問、問題を作ってみましょう。

写真提供

p36　具志堅用高さん　太田プロダクション
　　　マシンガン　　　masahero / PIXTA
　　　ジャンプ　　　　そば / PIXTA
　　　なかよし　　　　ケイーゴ・K / PIXTA
　　　りぼん　　　　　アクア / PIXTA
　　　ちゃお　　　　　Koldunov / PIXTA

p109　東山動植物園

p145　Alan Mcilwraith/MilitaryPro at English Wikipedia/Public domain

イラスト　　　　　　福田玲子
ブックデザイン　　　横須賀拓
撮影　　　　　　　　中島慶子（マガジンハウス）

協力　　　　　　　　八代恭秀（サンミュージックプロダクション）

カズレーザー

1984年生まれ。埼玉県出身。同志社大学商学部卒。2012年、お笑いコンビ「メイプル超合金」を結成し、15年にはM-1グランプリ2015決勝進出。ボケを担当。16年、初めてクイズ番組に出演した際に優勝。以来クイズに目覚める。「クイズプレゼンバラエティーQさまⅡ」「くりぃむクイズ ミラクル9」（テレビ朝日系）などのクイズ番組にレギュラー出演するかたわら、オンラインサロン「カズレーザーとクイズ天国・難問地獄（仮）」の主宰も務める。本書が初の著書となる。

カズレーザーが解けなかったクイズ200問

2020年10月29日　第1刷発行

著　者	カズレーザー
発行者	鉄尾周一
発行所	株式会社マガジンハウス
	〒104-8003
	東京都中央区銀座3-13-10
	書籍編集部　☎03-3545-7030
	受注センター　☎049-275-1811
印刷・製本所	凸版印刷株式会社

マガジンハウスのホームページ　https://magazineworld.jp/

カズレーザーが
解けなかった
クイズ200問
カズレーザー